■ 城乡建设重大课题研究丛书

# 多层次住房保障体系研究

建设部课题组

中国建筑工业出版社

图书在版编目(CIP)数据

多层次住房保障体系研究/建设部课题组. —北京：
中国建筑工业出版社，2007
（城乡建设重大课题研究丛书）
ISBN 978-7-112-09794-4

Ⅰ. 多… Ⅱ. 建… Ⅲ. 住宅-社会保障-研究-中国
Ⅳ. D632.1

中国版本图书馆 CIP 数据核字(2007)第 191795 号

责任编辑：何玮珂
责任设计：崔兰萍
责任校对：王雪竹　陈晶晶

城乡建设重大课题研究丛书
**多层次住房保障体系研究**
建设部课题组

\*

中国建筑工业出版社出版、发行(北京西郊百万庄)
各地新华书店、建筑书店经销
北京天成排版公司制版
北京云浩印刷有限责任公司印刷

\*

开本：787×960 毫米　1/16　印张：4½　字数：67 千字
2007 年 12 月第一版　2007 年 12 月第一次印刷
印数：1—3000 册　定价：**11.00 元**
ISBN 978-7-112-09794-4
(16458)

版权所有　翻印必究
如有印装质量问题，可寄本社退换
（邮政编码　100037）

# 调查研究是做好城乡建设工作的重要方法
（总序言）

　　理论联系实际，深入调查研究，是我们党的优良传统和一贯倡导的工作作风，是党领导革命、建设、改革和发展的基本经验和重要工作方法，也是各级领导干部提高科学决策水平的前提和基础。近几年来，建设部按照党中央、国务院的要求，以邓小平理论和"三个代表"重要思想为指导，深入贯彻落实科学发展观，坚持以人为本、促进全面协调可持续发展，由主要负责同志带队，围绕城乡建设改革发展的新情况、新问题，组织开展了多项重点专题调查研究。这套"城乡建设重大课题研究丛书"，就是他们坚持调查研究汇编而成的初步成果。这些研究报告涉及城乡规划、住宅建设、小城镇发展、村庄整治、风景名胜区管理、工程勘察设计等多个领域，反映了实际情况，分析了存在问题，梳理了工作思路，提出了政策建议，具有较强的针对性和指导性。把这些研究报告汇编成册，有利于正确认识城乡建设的现实进展，总结交流城乡建设的经验做法，对改进实际工作，提高管理水平，具有积极的参考价值和借鉴意义。实践不断发展，调研未有穷期。在新的形势下，希望建设战线广大干部职工认真学习党的十七大精神，坚持从实践中来到实践中去，正确认识我国国情和发展的阶段性特征,深刻理解和把握城乡建设工作的新形势新任务,探索城乡建设改革发展的新思路新举措,促进城乡建设又好又快发展,为全面建设小康社会做出新的更大贡献。

二〇〇七年十二月二十五日

# 认真开展基础性前瞻性调查研究工作

## （写在出版前的话）

　　调查研究是马克思主义认识论的基本观点，是党的实事求是思想路线在实际工作中的具体运用和体现，是"谋事之基，成事之道"。通过调查研究可以察实情，求真知，出良策。在具体工作中，我们深刻体会到搞好调查研究工作的重要性。我们按照认真学习贯彻邓小平理论和"三个代表"重要思想，深入贯彻落实科学发展观的要求，围绕城乡建设改革发展中的重大问题，坚持深入实际调查研究，总结经验，发现问题，探索规律，提高决策能力，使各项工作更加具有针对性、务实性、创造性。

　　进入新世纪以来，在工业化、信息化、城镇化、市场化、国际化深入发展的新形势下，城乡建设工作面临着许多新课题新矛盾。主要是：城市发展方式粗放，资源能源浪费比较突出，与群众切身利益相关的社会事业和生态环境保护投资不足；住房供应结构性矛盾突出，部分群众住房困难，特别是低收入群众住房困难没有得到很好解决；城镇房屋拆迁、拖欠工程款和农民工工资、物业管理等方面侵害群众利益问题时有发生；政府职能转变和机关作风建设还需要深入推进。这些问题带有全局性和战略性，关系到国民经济平稳运行、节能降耗减排、环境保护和民生的改善，必须采取有效措施，及时加以解决。部党组决定，按照国务院领导对建设部门工作的要求，深入开展调查研究，并确定一系列重点研究课题。包括住房、住房制度改革和房地产市场专题研究、多层次住房保障体系研究、市政公用事业改革与发展研究、完善规划指标体系研究、新时期小城镇发展研究、城中村规划建设问题研究等。

　　加强和改进调查研究，制度建设是保障，领导干部带头是关键。

几年来，我部相继建立了领导干部带头调研制度、年度重点工作调研制度和结合日常工作调研制度。我本人先后主持了多项专题调研，内容涉及住宅和房地产市场发展、多层次住房保障制度、市政公用事业改革与发展、城乡规划、小城镇发展、城中村规划建设、村庄整治、灾后重建、风景名胜区管理、工程勘察设计等诸多方面。这些研究有对现实问题的深入剖析，有对地方经验的概括总结，也有对未来工作的理性思考。研究成果丰富多彩，有的成果针对了当前的问题，已经在有关决策中得到采纳；有的成果具有前瞻性，可以作为解决未来可能出现问题的政策储备。

本套丛书正是这些调研成果的汇编，是所有参与者集体智慧的结晶。在此，向所有参与课题调研的同事、专家以及为丛书出版付出辛勤劳动的同志们表示深深的谢意。中国建筑工业出版社为本丛书的出版付出了巨大心血。由于认识水平的限制，有关研究内容还会有不成熟之处，有的结论和政策建议还需要在未来的实践中进一步检验。我们热烈欢迎广大读者批评指正。

二〇〇七年十二月二十五日

# 前　言

　　住房问题是重要的民生问题。党中央、国务院高度重视城镇住房保障制度建设，始终把改善群众居住条件作为城市住房制度和房地产业发展的根本目的。

　　20多年来，我国住房制度改革不断深化，城市住宅建设持续快速发展，城市居民住房条件总体上有了较大改善。但同时还存在城市廉租住房制度建设相对滞后、经济适用住房制度不够完善，政策措施还不配套等问题。针对这些问题，建设部等相关部门于2006年进行了一系列专项调研，并在此基础上形成了构建多层次住房保障体系的专题报告。这一系列研究成果对2007年有关住房保障政策的出台提供了坚实的基础。

　　报告提出了主要针对中等偏下和低收入（含最低收入）住房困难家庭的多层次住房保障体系，主要包括：进一步建立健全城市廉租住房制度、改善和规范经济适用住房制度，逐步改善其他困难群体的居住条件。报告还介绍了全国部分城市构建住房保障体系、旧住宅区综合整治以及棚户区改造的经验。

# 课题组成员名单

**课题组组长：** 汪光焘

**课题组副组长：** 齐　骥

**课题组成员**（按姓氏笔画排序）：

|  |  |  |  |  |
|---|---|---|---|---|
| 文林峰 | 王　勇 | 王树平 | 王瑞春 | 刘　霞 |
| 成得礼 | 何晓玲 | 吴文君 | 吴建平 | 张　凌 |
| 张　智 | 张　锋 | 张　毅 | 张小宏 | 张春彦 |
| 李秉仁 | 李晓龙 | 沈建忠 | 陈　淮 | 金一平 |
| 侯淅珉 | 南　昌 | 姜万荣 | 施美程 | 赵路兴 |
| 倪吉信 | 唐　涛 | 秦　虹 | 贾　抒 | 梁　爽 |
| 董　洁 | 靳军安 | 谭华杰 | 魏　星 |  |

**本书编纂整理人员：**

靳军安　赵路兴　张　锋　梁　爽　宋　斌

# 目 录

**第一部分　多层次住房保障体系专题研究总报告** ……………… 1
　关于完善多层次住房保障体系的研究报告 …………………… 3
**第二部分　多层次住房保障体系专题研究** …………………… 11
　关于深化改革　完善制度　落实责任　合理改善群众住房
　　条件的思考 …………………………………………………… 13
　全面建设小康社会的住房目标研究 …………………………… 20
　关于建立健全城镇廉租住房制度的研究报告 ………………… 26
　关于解决城镇低收入家庭住房困难　资金来源渠道的建议 … 31
　关于改进规范经济适用住房制度的研究报告 ………………… 37
　关于厦门市落实政府责任构建住房保障体系　改善低收入家庭
　　住房条件情况的调研报告 …………………………………… 44
　开展旧住宅区综合整治　促进社会和谐 ……………………… 49
　辽宁省阜新市棚户区改造调研报告 …………………………… 55

# 第一部分

# 多层次住房保障体系
# 专题研究总报告

# 关于完善多层次住房保障体系的研究报告

我国住房制度改革进程的加快，改善了多数人住房条件，但也存在一部分中等偏下和低收入家庭❶难以依靠自身力量通过市场解决住房困难的状况。要转变政府职能，通过一套有效的法律制度和政策安排，利用国家职能对国民收入进行二次分配，对中等偏下和低收入住房困难家庭，给予必要的救助和扶持，"逐步解决城镇低收入家庭住房困难"，以体现社会公平，实现"十一五"期间"城乡居民居住条件得到较大改善"的目标，促进社会和谐。

多层次住房保障体系，是主要针对中等偏下和低收入（含最低收入）住房困难家庭的一系列制度安排和政策措施。中等偏下和低收入家庭的划分，由各地根据国家统计局城镇家庭收入分组方法确定；住房困难标准由城市政府结合当地居民住房状况和经济发展水平确定。

建设部会同民政部对全国城镇最低收入家庭住房情况进行了详细调查。截至2005年底，全国人均建筑面积10平方米以下的城镇低保家庭400万户。据建设部对全国城镇低收入家庭组住房困难状况测算，目前全国城镇低收入家庭中约有住房困难户近1000万户，占城镇家庭总户数的5.5%。随着经济社会发展及城镇化进程加快，对农村进城务工人员及其他特殊群体的住房问题，也应不断完善政策，逐步改善其居住条件。

---

❶ 根据国家统计局的城镇家庭收入分组方法，将城镇家庭依户人均可支配收入由低到高排队，按10%、10%、20%、20%、20%、10%、10%的比例依次分成：最低收入户、低收入户、中等偏下收入户、中等收入户、中等偏上收入户、高收入户、最高收入户等七组。总体中最低5%的户为困难户。

## 一、完善多层次住房保障体系的原则和基本思路

### (一) 原则

——政府主导、社会参与。政府要承担起住房保障的责任，综合运用经济、法律和必要的行政手段，建立起中央和地方政府以及社会参与的住房保障制度的扶持和救助体系。

——因地制宜、突出重点。在国家统一政策指导下，各地区根据实际情况，有计划、有步骤地实施住房保障。要优先解决最低收入家庭住房困难，逐步解决其他低收入家庭中的住房困难户，并推动对中等偏下收入家庭的保障。

——循序渐进、保障有度。根据基本国情和发展阶段，合理确定保障标准，要与政府财力及其他资金支持能力相适应。随着经济社会发展和人民生活水平提高，逐步提高保障水平。

### (二) 基本思路

住房保障体系主要分为三个层次：

——对低收入住房困难家庭，主要通过实施廉租住房制度来解决。近期，最低生活保障家庭中的住房困难户实现应保尽保，逐步扩大到低收入家庭住房困难户。由政府组织建设或政策引导组织一批房源作为租赁房。对低收入家庭，按照家庭收入和负担能力实行反向递减补贴租金。

——对有一定支付能力的低收入家庭，通过改进和规范的经济适用住房制度来解决。考虑到低收入家庭的实际购房能力，经济适用住房（含集资合作建房）供应可由中等偏下收入家庭逐步过渡到有一定支付能力的低收入家庭。严格控制建设标准，规范供应对象，明晰产权关系。

——对中等偏下和低收入家庭聚集的、居住功能不完善的危旧小区、棚户区，采取相应政策支持给予整治与改造。旧城区、旧住宅小区的老住户以及棚户区居民家庭，多数是中等偏下和低收入者。这部分小区多数是20世纪50年代和70、80年代建设的房屋，也是90年代房改出售公房的主体，应由个人、原产权单位和财政共同负担，鼓励社会力量积极参与。

## 二、完善多层次住房保障体系的主要内容

### (一) 健全廉租住房制度

**1. 廉租住房制度的历史沿革**

1998年，国发[1998]23号文件首次提出最低收入家庭租赁由政府或单位提供的廉租住房，建立廉租住房制度；2003年，建设部等五部委《城镇最低收入家庭廉租住房管理办法》，提出以财政预算资金为主，稳定规范的住房保障资金来源，实行以发放租赁补贴为主，实物配租和租金核减为辅的保障方式；2006年，国办发[2006]37号文明确要求加快廉租住房制度建设，提出廉租住房是解决低收入家庭住房困难的主要渠道，要稳步扩大廉租住房制度的覆盖面。

**2. 具体措施**

逐步扩大覆盖范围。廉租住房制度最终目标应覆盖低收入家庭住房困难户。近期，最低生活保障家庭中的住房困难户应保尽保，逐步扩大至低收入家庭中的住房困难户。

合理确定保障标准。各地结合当地住房实际状况、财政承受能力、低收入家庭收入水平以及财产状况，以满足基本居住需求为原则，合理确定。

完善实施方式。租金补贴与实物配租相结合。对最低生活保障家庭中的住房困难户全额补贴；对其他低收入住房困难家庭部分补贴，根据家庭收入和负担能力实行反向递减补贴。

明确资金来源。按照目前中央、省和市县财政收入，确定各级财政住房保障投入，将住房保障支出纳入年度财政预算安排；政府把用于廉租住房制度建设的土地出让净收益比例，由目前的5％的提高到不低于10％；建立国家和省级住房保障基金，通过专项转移支付的方式，加大对中西部等困难地区的财政支持力度；将住房公积金增值收益扣除计提住房公积金贷款风险准备金、管理费用等费用后的余额，用作廉租住房补充资金。中央基本建设投资资金加大对棚户区改造区基础设施配套建设的支持。

多渠道增加廉租住房房源。廉租住房房源，可采取政府新建、收购、改建、配建以及鼓励社会捐赠等方式组织。新建廉租住房，主要在经济适用住房以及普通商品住房小区中配建，建成后由政府收回或回购。新建廉租住房每套建筑面积控制在50平方米以内。积极发展住房租赁市场，鼓励房地产开发企业开发建设中小户型住房面向社会出租。

改进管理方式。由政府专门机构负责廉租住房的对象审核、退出管理、建设标准和租金标准确定等；日常管理由非营利性专业管理机构进行。

### （二）改进和规范经济适用住房制度

#### 1. 经济适用住房制度的历史沿革

1994年，为解决城镇居民住房困难，国发〔1994〕43号文件提出建立以中低收入家庭为对象、具有社会保障性质的经济适用住房供应体系。1998年，为深化住房制度改革，实现住房商品化社会化，国发〔1998〕23号文件提出建立和完善以经济适用住房为主的住房供应体系，最低收入家庭租赁由政府或单位提供的廉租住房；中低收入家庭购买经济适用住房；其他收入高的家庭购买、租赁市场价商品住房。这里，作为经济适用住房供应对象的中低收入家庭，是指除高收入家庭和最低收入家庭外的城镇多数家庭，包括中高、中、中低和低收入家庭。2003年，国发〔2003〕18号文件根据我国以住房为主的房地产市场发展的实际状况，提出逐步实现多数家庭购买或承租普通商品住房，经济适用住房是具有保障性质的政策性商品住房。2004年，建设部等四部委出台《经济适用住房管理办法》，强化了经济适用住房的建设和管理。2006年，国办发〔2006〕37号文件明确指出，规范发展经济适用住房，真正解决低收入家庭的住房需要。

#### 2. 具体措施

规范供应对象。逐步由中等偏下收入住房困难家庭向有一定支付能力的低收入家庭过渡，并与廉租住房对象衔接。具体收入线由市、县人民政府确定。

严格控制建设标准。落实经国务院同意的《经济适用住房管理办法》(建住房〔2004〕77号)的规定,单套建筑面积以60平方米左右为主。

明晰产权关系和收益分配。经济适用住房按照有限产权管理。根据政府的土地出让金和税费减免等,确定政府的投入份额。购房5年内不得直接上市交易。满5年后上市交易的,应当按照届时同地段普通商品住房和经济适用住房差价的一定比例,向政府交纳土地收益等价款,政府优先回购;购房人也可以补缴政府应得收益后取得完全产权。

规范管理方式。由政府专门机构负责对象审核、建设标准、产权管理等;要结合当地群众的收入水平,及时调整供应对象的收入线标准。

加强单位集资合作建房管理。单位集资合作建房纳入当地经济适用住房供应计划,其建设标准、供应对象、产权关系等均按照经济适用住房的有关规定执行。

**(三) 逐步改善其他住房困难群体的居住条件**

**1. 加快集中成片棚户区的改造**

对集中成片的棚户区,城市人民政府要制定改造计划,因地制宜进行改造。棚户区改造要符合以下要求:困难住户的住房得到妥善解决;小区环境、配套设施和住房条件明显改善;困难家庭的负担控制在合理水平。

**2. 积极推进旧住宅区综合整治**

对可整治的旧住宅区,要力戒大拆大建。要以改善低收入家庭居住环境和保护历史文化街区为宗旨,遵循政府组织、居民参与的原则,积极进行房屋维修养护、配套设施完善、环境整治和建筑节能改造。

**3. 多渠道改善农民工居住条件**

用工单位要向农民工提供符合基本卫生和安全条件的居住场所。农民工集中的开发区和工业园区,应按照集约用地的原则,集中建设向农民工租赁的集体宿舍。城中村改造时,要考虑农民工的居住需要,在符合城市规划和土地利用总体规划的前提下,集中建设面向农民工的集体宿舍。有条件的地方,可比照经济适用住房建设的相关优惠政策,政府引导,市场运作,建设符合农民工特点的住房,以农民工可承受的合理租金向农民工出租。

## 三、完善多层次住房保障体系的相关措施

### （一）落实中央和地方政府住房保障责任

将住房保障支出纳入国家财政正式年度预算，建立财政专项转移支付制度，加大中央对财政困难的省、自治区，以及省、自治区对财政困难的市、县的支持力度。市、县要做好住房保障的各项政策规定的落实。

### （二）落实相关的经济政策和建房用地

一是廉租住房和经济适用住房建设、棚户区改造、旧住宅区整治，免收市政基础设施配套费等行政事业性收费和政府性基金。二是廉租住房和经济适用住房建设用地实行行政划拨方式供应；各地在年度建设用地计划中要优先安排，保证供应；在申报年度用地指标时，要单独列出。三是社会各界向政府捐赠廉租住房房源的，执行公益性捐赠税收扣除的有关政策。社会机构投资廉租住房或经济适用住房建设、棚户区改造、旧住宅区整治的，可同时给予相关的政策支持。

### （三）健全法律制度

抓紧研究制定《住房保障条例》，明确各级政府住房保障职责，明确住房保障目标、保障标准、保障方式、保障资金来源等，有效保护保障对象的住房权益。

### （四）强化行政管理

建立政府住房保障专门管理机构，负责住房保障政策的统一协调，制定廉租住房、经济适用住房的建设规划和年度计划以及相关管理。有关部门要各司其职、分工协作，加强分类指导和监督，切实建立和完善多层次住房保障制度。

## 适应不同家庭需求住房供应体系框架

附表

| 供应类型 | | 供应对象 | 政策导向 | 租赁市场 |
|---|---|---|---|---|
| 商品住房 | 高档商品住房 | 少数高收入者 | 用土地供应、税收、信贷等政策限制供应,用税收等政策调节消费 | 市场租赁（租售并举） |
| | 高档别墅 | 极少数高收入者 | 用土地供应、税收、信贷等政策严格限制供应,用税收等政策加大消费调节力度 | |
| | 普通商品住房 | 中等偏上、中等、中等偏下收入家庭 | 对中小套型和大套型住房实行不同的土地供应政策,中小套型住房区位要适度,要考虑生活成本、就业机会;加大有区别的信贷政策力度;完善税制、区别税率;确保90平方米以下套型占一定比例 | |
| | 限价普通商品住房 | 主要满足当地中等收入以下的住房困难家庭、拆迁户自住需求 | 90平方米套型为主,每户限购一套;土地供应上给予支持 | |
| 政策性住房 | 经济适用住房 | 有一定支付能力、住房困难的低收入、中等偏下收入家庭❶,从低端起采取轮候制供应 | 严格建设标准,以80平方米以下套型为主;明晰产权关系;土地、税费政策支持 | 只售不租 |
| | 廉租住房 | 住房困难的低收入家庭 | 政府投资建设或政府按照家庭住房支付能力递减补贴;补贴标准(面积)根据当地实际适度确定 | 政策性租赁（只租不售） |
| | 最低收入家庭廉租住房制度 | 与最低生活保障制度对应的最低保障家庭中的住房困难户 | 应保尽保;全额或大部分租金补贴 | |

---

❶ 判断住房保障对象家庭的住房支付能力,除了要考虑家庭收入水平外,还要考虑家庭财产状况。

续表

| 供应类型 | | 供应对象 | 政策导向 | 租赁市场 |
|---|---|---|---|---|
| 特殊群体住房 | 农民工公寓 | 进城务工人员 | 土地、税收和长期融资支持 | |
| | 公务员住房、公务员公寓 | 国家机关公务员（区别中央和地方，房价高低地区）、省部级干部、新进公务员 | 继续执行住房补贴制度；在一定时期，允许统一组织建设公务员住宅，作为阶段性政策；比照经济适用住房优惠政策，建设公务员公寓 | 可租可售 |

课题组组长：汪光焘

课题组成员：靳军安　赵路兴　张锋　梁爽　张智　唐涛

# 第二部分

# 多层次住房保障体系专题研究

# 关于深化改革　完善制度　落实责任 合理改善群众住房条件的思考

居住是人类生存的基本需要。住房是基本生活品，具有消费品的属性。住房建设和使用需要消耗土地、建材、水、电等资源、能源，受社会经济发展状况和资源环境条件的制约。住房又是不动产，具有投资品的属性，是家庭财富积累的重要方式。住房投资和消费是国民经济的重要组成部分，涉及宏观经济的平稳运行。居住权是人的基本权利，对低收入家庭提供住房保障，维护社会公平正义，是政府履行公共服务责任的重要内容。必须理清思路，完善制度，落实责任，保持房地产业持续健康发展，对发展经济、改善人民群众住房条件发挥更大作用。

## 一、改善群众住房条件，必须坚持住房商品化、社会化与住房保障相结合的改革方向

党中央、国务院十分重视解决群众住房问题。计划经济体制下，我国城镇实行住房产权公有、实物分配、低租金使用的福利性住房制度。住房建设投资严重不足，住房供应短缺，成为严重的社会问题。改革开放以来，在城镇住房制度改革不断深化的过程中，我国住房建设快速发展，城镇家庭住房条件不断改善。

以邓小平同志"住房商品化"的思路为指导，我国住房制度改革开始起步。1980年4月，邓小平同志提出了住房商品化的思路。随后，先后进行了试点出售公房、提租补贴、个人自建住房等多项改革，城镇居民住房困难得到了一定程度的缓解。全国城镇人均住房建筑面积由1980年的7.2平方米提高到1989年的13.5平方米，年均增长0.7平方米。

党的十三届四中全会以后，按照建立社会主义市场经济体制的要求，住房制度改革全面推进。1994年，发布《国务院关于深化城镇住房制度改革的决定》（国发［1994］43号），提出了建立与社会主义市场经济体制相适应的新的城镇住房制度，实行住房商品化、社会化。1998年，出台《国务院关于进一步深化城镇住房制度改革加快住房建设的通知》（国发［1998］23号），停止住房实物分配，逐步实行住房分配货币化，建立以经济适用住房为主的多层次城镇住房供应体系，最低收入家庭租赁由政府或单位提供的廉租住房。此后，推行了一系列鼓励住房消费的税收、信贷政策，住宅建设和居民住房消费快速发展，城镇居民住房状况总体上有了改善。2002年底，城镇居民人均住房建筑面积达到22.8平方米，13年间，年均增长0.72平方米。相当多的城镇家庭通过购买原承租公房变为有产者，促进了社会的和谐发展。

党的十六大以来，按照全面落实科学发展观的要求，更加注重资源节约和环境保护，更加注重中低收入家庭住房条件的改善。随着住房制度改革的深化，房地产市场逐步发育、发展，已经成为多数家庭解决住房问题的主渠道。社会化的经济适用住房供应占商品住房供应的比重保持在10%～15%。在深化对住房制度改革发展阶段的认识，总结房地产市场发展规律的基础上，2003年，制定《国务院关于促进房地产市场持续健康发展的通知》（国发［2003］18号），调整了住房供应体系，提出"多数家庭购买或承租普通商品住房"；明确经济适用住房为具有保障性质的政策性商品住房；完善廉租住房制度，提出以财政预算为主、多渠道筹措廉租住房保障资金。建设部修订了《城镇最低收入家庭廉租住房管理办法》（建设部第120号令），廉租住房制度的实施迈出了实质性步伐。2005年以来，国务院办公厅先后转发了《关于做好稳定住房价格工作的意见》（即"国八条"）和《关于调整住房供应结构稳定住房价格的意见》（即"国六条"），综合运用经济、法律和必要的行政手段，遏制投机性炒房，控制投资性购房，引导合理的住房消费，强化了政府对低收入家庭住房的保障责任。截至2006年底，全国城镇居民人均住房建筑面积达到26.11平方米。廉租住房制度已经在全国512个城市建立，累计解决了54.7万户低保家庭住房问题。经济适用住房(含集资合作建房)累计竣工面积超过13亿平方米,解决了1650万户家庭的住房问题。参加住房公积金制度的城镇职工累计超过1亿人,改善了4000多万户职工家庭住房条件。

发展中存在的突出矛盾和问题,必须靠深化改革、完善制度在发展中逐步解决。总体看,城镇住房制度改革的深化,促进了房地产市场的培育和发展,明显改善了城镇家庭住房条件。房地产市场快速发展中出现的投资规模过大、住房价格上涨过快、供应结构不合理、市场秩序不规范、中低收入家庭住房支付能力下降等新情况新问题,是宏观经济运行中深层次矛盾的反映。从房地产市场本身来看,与市场发育不够、制度不完善有关。从十多年改革探索的实践及发达国家和地区的经验看,仅靠市场机制无法完全解决住房领域的社会公平问题。在充分发挥市场调节作用的同时,政府必须承担起住房保障责任。解决这些矛盾和问题,必须按照落实科学发展观、全面建设小康社会和构建社会主义和谐社会的要求,坚持深化改革、完善制度,把市场机制和政府调控结合起来,更加注重健全市场体系逐步满足大多数居民的住房需要,更加注重建立政府保障逐步解决低收入家庭的基本住房问题,更加注重资源节约环境保护和住房建设可持续发展,努力实现"十一五"规划关于城乡居民居住条件要有较大改善的目标。

## 二、改善群众住房条件,必须引导建立符合国情的住房消费模式

住房消费以中低价位、中小套型为主,是必须长期坚持的方针。我国人多地少,资源环境承受能力有限,住房消费必须控制在适当的水平,不能盲目攀高。在社会主义初级阶段,多数群众经济承受能力有限,改善住房条件应是一个长期的过程。要采取经济政策,引导全社会把住房消费的愿望与现实的可能结合起来,适度、梯次消费,利用新房和存量房两个市场,采取买房和租房两种方式,从自身经济能力和消费需求出发,逐步改善居住条件。

我国的资源环境现状,决定了我们必须建立资源节约环境友好型住房消费模式。我国人口众多,土地、淡水、建材等资源和能源人均

占有量低。其中，人均土地面积仅为世界平均水平的33%；人均耕地面积1.43亩，不到世界平均水平的10%；人均水资源拥有量2200立方米，仅为世界平均水平的1/4。占用大量土地、消耗大量钢材、淡水和能源的高强度住宅消费模式难以维持。目前，我国经济社会发展进入新阶段，工业化、城镇化进程加快，居民收入稳步增长，消费规模不断扩大，对住房的需求愈加旺盛。住宅建设和使用消耗资源数量较大、强度较高，必须立足于我国的人口、资源、环境条件和现阶段经济社会发展的实际水平，建立以中低价位、中小套型为主的住房消费模式，限制别墅类和高档住宅消费。

以中小套型为主发展普通商品住房，是缓解住房需求压力的必然选择。城镇化快速发展和城镇居民家庭收入提高带来了较大的住房需求。以中小套型为主发展普通商品住房，符合广大中低收入家庭改善住房的需求。据北京等城市调查，在现有房价水平下，有支付能力的家庭中，选择90平方米以下套型的占54.8%，而住房市场供应中，这类住房所占比例不足20%。最近几年，全国每年新增城镇人口1600万人（其中约300万人为规划变更引起）左右，全国新增建设用地400万亩，其中用于城市发展用地在100万亩左右，可用于住宅建设的土地仅20万～30万亩❶。如果按套均100平方米计算，能建成275万套住宅，仅能满足约820万人口的住房需求；按套均80平方米计算，能建成343万套住宅，可解决1022万人口的住房问题；如果套型建筑面积更小，则可解决更多家庭的住房问题。

引导群众树立梯度改善、梯次消费理念，鼓励群众以租赁方式解决住房问题。我国正处于并将长期处于社会主义初级阶段，生产力还不发达，城镇居民家庭住房支付能力相对有限，改善人民生活水平不能离开这个现实过于超前。要引导群众随着收入的提高梯度改善居住条件，优先满足群众的基本住房需求，不追求一步到位的超前消费。就是对先富起来的人群，也要引导其立足于中国人多地少的基本国情，发扬中华民族勤俭节约的传统，合理消费。拥有产权与租赁使用都是

---

❶ 根据《城市建设用地分类与规划建设用地标准》，居住用地占建设用地的比例为20%～32%。

解决住房问题、实现"人人享有适当住房"目标的方式。发展和鼓励住房租赁。

建立中低价位、中小套型为主的住房消费，需要财税、信贷等经济政策引导。坚持对购买不满5年的普通商品住房再交易时全额征收营业税的政策，遏制投机炒作。研究完善住房交易契税政策，按照建筑面积大小确定不同的契税税率。条件成熟时，在持有环节对不动产开征物业税，限制别墅和高档住宅消费，引导群众按支付能力消费，刺激业主出租多余的房屋。研究对群众购买中低价位、中小套型住房（每个家庭一套）用于自住的，给予信贷政策扶持，并在交易税、物业税征收上体现差别政策；研究二手房交易的税收政策，促进二手房交易，形成梯度消费；对机构或个人向居民出租中小套型住房的，适当降低税负，以增加住房租赁市场有效供给。

### 三、改善群众住房条件，必须保持房地产业持续健康发展

温家宝总理在十届人大五次会议政府工作报告中指出，房地产业对发展经济、改善人民群众住房条件有着重大作用，必须促进房地产业持续健康发展。房地产业应重点发展面向广大群众的普通商品住房，保持合理的投资规模和价格水平。要通过精心设计和产业化生产，提供"面积不大功能全，造价不高品质优，占地不多环境美"的住宅，注重旧房的有机更新和节能改造，实现住宅建设可持续发展，不断满足群众日益增长的居住需求。

保持合理的投资规模和结构，继续发挥房地产业对经济增长的带动作用。以住宅为主的房地产业是当前发展阶段国民经济重要的支柱产业，保持合理的投资规模和增长速度，有利于促进国民经济平稳较快发展。要引导房地产业向解决普通居民住房问题方向发展，调整房地产投资结构，重点增加住房建设特别是中低价位、中小套型普通商品住房建设投资，控制商业、办公楼和高档商品房投资建设。

完善住房价格形成机制，保持合理的住房价位结构和价格水平。要根据资源稀缺状况、区域和城市经济社会发展水平、居民家庭资产状况和实际收入水平等，采取综合措施，调节市场供求关系，形成与

本地区(城市)多数群众支付能力相适应的价格水平。对满足当地居民自住需要的中低价位、中小套型普通商品住房项目要按照《价格法》的有关要求，采用限套型面积(限套型)、限控制性价位(限房价)，竞房价、竞地价的办法确定开发建设单位，增加政府指导价的住房供应。

发展节能省地环保型住宅，实现住宅可持续发展。我国住宅建设和使用所消耗的资源数量较大。据测算，住宅建设用钢占全国用钢总量的20%，水泥用量占全国总用量的17.6%，用地面积占全国城市建成区用地总面积的30%；住宅用水占全国城市水资源消耗的32%；住宅建设能耗占全国总能耗的30%，单位建筑面积能耗为相同气候条件下发达国家的2~3倍。要以节能、节水、节地、节材、环境保护为核心，以资源综合利用、集约化建设为重点，通过调整生产结构，技术进步和现代化管理，促进住宅生产方式和增长方式的转变，注重发展节能省地环保型住宅。同时，要加大旧住宅节能改造力度，推进旧住宅区整治和棚户区改造，降低使用过程中的能耗。

## 四、改善群众住房条件，必须坚持落实政府责任

发展住房要从过去过分追求经济增长和平均住房面积增加，转向更加注重社会公平和解决民生问题；从过去较多关注城镇居民家庭的住房问题，转向同时注重改善进城农民工居住条件和农村居民居住环境。

加强和改善房地产市场调控。完善和落实土地供应、规划、税收、信贷等方面的调控政策，综合运用经济、法律和必要的行政手段，促进房地产市场平稳运行，逐步满足群众改善居住条件的合理需求。建立合理的价格形成机制，加强房价监管和调控，抑制其过快上涨。制定和实施住房建设规划，要坚持以人为本，充分考虑中低收入家庭的居住和生活成本。在交通便利、设施完善的区位优先发展普通住宅；落实住房和科教文卫等社会发展指标，完善公共交通和市政公共服务设施配套，方便群众生产、生活和学习。

着力解决低收入和中等偏下收入家庭住房困难。立足于我国的国情，根据家庭收入状况、财产状况和住房支付能力，构建多层次住房

保障体系，健全廉租住房制度，规范经济适用住房（含集资、合作建房）的建设、销售和流通，大力推进旧住宅小区整治和棚户区改造，改善中等偏下和低收入家庭的居住条件和环境。同时，要研究逐步解决城镇化进程中跨地区流动人员和进城农民工住房问题。完善住房公积金制度，在资金使用上向中等以下收入家庭的基本住房消费倾斜。

整顿和规范市场秩序。进一步完善市场运行规则和财产权利保护制度，整顿和规范市场秩序，加强诚信体系建设，强化对各类市场主体行为的动态监管，特别是要制止部分企业追逐自身商业利益，恶意炒作、哄抬房价的行为，引导住房理性投资，保护住房合理消费。

课题组组长：汪光焘
课题组成员：靳军安　张锋

# 全面建设小康社会的住房目标研究

**【内容提要】**

目前城镇居民的住房状况得到了明显改善,但我们仍面临着从总体小康到全面小康的转变。全面小康社会的住房目标主要从多方面关系趋于协调的和谐标志来设定,更加注重改善困难群众住房条件,促进社会和谐;更加注重节约资源和保护环境,引导适度消费;更加注重完善住房功能,确保质量安全;更加注重完善基础设施,改善居住环境;更加注重市场机制与政府调控的有机结合,健全可持续发展的体制机制。总体目标是:多数居民家庭住房条件明显改善,涵盖不同类型的低收入家庭住房保障体系基本形成,低收入家庭基本住房需求得到逐步满足,资源、能源利用更加合理,市场秩序更加规范,法律制度比较健全。

2002年,党的十六大提出了到2020年国内生产总值比2000年翻两番和"全面建设小康社会"的长远战略目标。全面建设小康社会是一个不断延续的过程,本研究以2020年为基本报告期,根据国际经验和我国实际,从客观规律出发,提出我国到2020年或略长一点时期内"全面小康"的住房目标。

## 一、研究背景

当前研究全面建设小康社会的住房目标是基于以下社会背景:

一是城镇居民的住房状况得到了明显改善,总体上达到了小康水平。从1978年到2005年,在城镇户籍人口不断增加的同时,人均住房建筑面积(按户籍人口计算)由6.7平方米提高到26.1平方米,增长了近3倍。住房质量和居住环境也得到较大改善。相当多的城镇家庭通过购买原承租公房或在市场上购买住房,变为有产者,住房在家庭资产构成中所占比重不断提高，促进了社会和谐稳定。

二是在居民住房状况总体改善的同时，还存在一些突出矛盾和问题。主要是：地区发展不平衡、低收入家庭住房条件改善缓慢、住房建设和消费模式粗放、可持续发展的体制机制尚不健全等，影响了居民住房状况的持续改善和整体水平的协调提高。对这些改革和发展中的问题，必须在深化改革和和谐发展过程中加以解决。

三是通过研究提出适应全面建设小康社会要求的住房发展目标，为完善住房政策和引导合理住房消费提供科学依据，已成为当前迫切之需。我们考虑，为适应国家到 2020 年总体发展战略目标从"总体小康"向"全面小康"转变的要求，2020 年全面小康的居住目标，应让市场体系和保障体系共同形成对全社会住房需求的全面覆盖，将基本住房需要的保障水平和保障的覆盖面作为首要标准；按照联合国提出的"人人享有适当住房"的目标，实现"人人有房住"，应当把低端住房不能太简，高端住房不能过奢当作引导的标准；按照国家构建节约型社会和环境友好型社会的战略要求，将住房占用和消耗资源的约束，引入全面小康住房目标之中；参照建设部制定的住房发展"十一五"规划提出的，到 2010 年全国城镇户均住房建筑面积接近 85 平方米的目标，结合未来资源供给、社会公平、城乡协调等因素，深入研究和提出全面小康社会住房标准，作为 2020 年或略长一点时间住房发展的蓝图。

## 二、原　　则

小康居住目标不应当作为社会富裕的标志来设定，而应作为多方面关系趋于协调的和谐标志来设定。设定目标的关键，是要充分体现"总体小康"向"全面小康"转变的要求。

一是更加注重改善困难群众住房条件，促进社会和谐。联合国《人居议程》提出"人人享有适当住房"的人居目标。在总体小康阶段，我们已经解决了住房严重短缺的问题，通过租售并举的方式使"大多数人有房住"。在全面建设小康社会的过程中，政府和社会都要重点关注低收入家庭的住房状况，满足其基本居住需要。

二是更加注重节约资源和保护环境，引导适度消费。我国的能源资源环境现状，决定了房地产业必须重点发展面向广大群众的普通商品住房，建立资源节约、环境友好型住房消费模式。要根据多数群众的承受能力，引导居民建立"租售并重"、梯次改善住房条件的观念，鼓励中低价位、中小套型住房消费，限制别墅和高档住宅消费。

三是更加注重完善住房功能，提高质量安全水平。要通过生产结构调整，技术进步和现代化管理，促进住宅生产方式和增长方式的转变，把关注点从单纯的住房面积增加调整到更加关注住房功能完善和质量提高。重视旧住宅区的整治改造，促进全使用寿命过程中的能耗降低和使用安全。

四是更加注重完善基础设施，改善居住环境。在总体小康社会阶段，人们比较重视住房的有无、住房本身大小。随着生活水平的提高，全面小康建设社会阶段，要更加重视完善交通、环境等基础设施条件和商业服务、医疗、教育等配套设施，提升人居环境。

五是更加注重市场机制与政府调控的有机结合，健全可持续发展的体制机制。坚持深化住房制度改革、完善制度，更加注重健全市场体系，逐步满足大多数居民的住房需要；更加注重建立政府保障，逐步解决低收入家庭的基本住房问题；更加注重规范市场秩序，保护消费者合法权益，为实现小康社会住房目标提供体制保障。

## 三、目　标

总体目标是：多数居民家庭住房条件明显改善，涵盖不同类型低收入人群的住房保障体系基本形成，低收入家庭基本住房需求得到逐步满足，资源、能源利用更加合理，市场秩序更加规范，法律制度比较健全。

具体目标是：

第一，多数居民家庭住房条件得到明显改善。完善住房一、二级市场和住房购买与租赁的消费模式，通过市场体系和保障体系共同实现对城镇居民住房需求的全面覆盖。

低收入家庭基本住房需求逐步得到满足。政府建立健全廉租住房制度解决低收入家庭的住房困难，部分低收入家庭也可以购买有政策支持的经济适用住房。廉租住房保障对象由最低收入住房困难家庭扩大到低收入住房困难家庭。依照申请，最低收入家庭中人均住房建筑面积 10 平方米以下的家庭，实现"应保尽保"。其他低收入家庭申请承租廉租住房、购买经济适用住房的，依家庭财产、收入和住房困难程度轮候。由于各地经济发展水平不平衡，低收入家庭的住房保障标准可由省级人民政府自行确定。廉租住房每户建筑面积控制在 40～50 平方米，经济适用住房每户建筑面积应控制在 60～80 平方米。

尽管城镇居民收入整体水平将会不断提高，但社会中总会存在一部分家庭自我改善住房的能力缺乏，需要政府在住房上实施持续的救助或援助政策。住房保障制度是政府应当履行的社会管理和公共服务职能。应当根据我国经济社会所处的发展阶段合理确定住房保障制度的覆盖面与保障水平。按照住房商品化、保障制度化的原则，以支持租赁使用为主，通过住房租金补贴或实物配租、配售等方式，对低收入家庭提供住房支持。通过组织建设一批小套型、中小套型住房，确保各项制度的落实。

普通居民通过住房的梯级消费实现"居者有其屋"，住房条件得到明显改善。政策引导住房租赁市场和存量市场的发展，满足城镇居民对旧房和租赁住房的需求。要充分体现住房建设的科技进步水平，大力推进住宅产业化，使住房质量和居住环境显著改善。重视通过对旧住房的改造实现功能的改善和提升，完善各项住宅配套设施，充分满足经济发展与社会发展相协调的要求。

第二，政策鼓励中小套型住房建设与消费。基于我国人多地少的实际情况和经济社会发展阶段，立足多数居民住房的合理改善，引导以户均 90 平方米以下为主的节能省地环保型住宅的建设与消费，满足普通居民的住房需求。

人口众多，资源相对不足，生态环境承载能力弱是我国的基本国情。土地、能源、环境以及社会结构和人口的变化，将对未来城乡住房建设发展构成严重的制约，城乡住房建设必须向"紧凑型"方向发展。正因住房所占用的资源和住房消费所耗费的资源关系到社会整体利益和长远利益，住房消费不能完全依照社会财富的增多、人们收入水平的提高无限扩大，对住房消费实行社会约束，是"全面小康"标准的题中应有之意。按照减量化、再利用、资源化的原则，大力发展节能省地型住宅，既是建立符合我国国情的住房建设和消费模式的总目标，也是今后相当长一段时期我国住房建设的基本方针。应考虑政策的连续性，在规划审批、土地供应以及信贷、税收等方面，对中小套型、中低价位普通商品住房给予优惠政策支持。对其他住房，依资源占用和能源消耗高低，采取限制性、惩罚性政策，住房消费引导政策基本形成。

第三，房地产市场更加规范有序。房地产开发投资平稳增长；市场运行规则较为完善；中介服务水平明显提高，诚信体系基本建立；旧房交易市场、住房租赁市场规范、活跃；市场调控体系和监管机制基本健全。

应该通过建立健全长效工作机制，努力营造主体诚信、行为规范、监管有力、市场有序的房地产市场环境。进一步完善房地产法律法规和相关政策，切实做到有法可依。积极推行规范化管理，完善审批程序，建立"谁审批、谁负责"的责任追究制度。充分发挥行业协会组织自律作用，制定和完善行规行约，扩展企业信用档案的征集范围，建立信用监督和失信惩戒制度，推进诚信体系建设。健全预（销）售合同网上即时备案和信息公示制度。建立商品房销售合同履约担保制度。加强房地产广告管理和房地产展销活动的审查和监管。畅通投诉、信访渠道，建立部门联动、分工明确、责任到位、齐抓共管的查处机制，切实保证各类违法违规行为得到及时查处，投诉、上访数量明显下降。

第四，住房法律制度和政策比较健全。按照城乡统筹原则，适时修订房地产管理法等法律，制定和完善有关规范住房保障、物业管理、维修基金、房屋租赁、产权登记、住房使用与管理的行政法规，确保有明确的操作程序，实现有法可依。城乡统筹的住房政策框架基本形成，进城农民工等特殊群体住房问题纳入住房政策体系。

房地产市场的健康发展，需要法律制度的有力支撑。积极落实《中华人民共和国物权法》中有关对不动产权利人利益保护的各项规定。研究制定《住宅法》，维护住房公平和保护低收入者的居住权。修改《中华人民共和国城市规划法》，加强对城乡统筹的指导。完善《中华人民共和国土地管理法》中对国有土地和集体土地利用的规定,缓解城乡土地使用、收益间存在的矛盾。补充《中华人民共和国城市房地产管理法》中有关集体土地使用的规定,改变现实中存在的集体土地上的房屋建设、房屋租赁、房屋权属登记等行为无法可依的状态。增加《中华人民共和国建筑法》中关于加强对农民自建低层住宅的建筑活动的约束条款,明确关于公共安全、卫生和建筑环境质量的规定。

课题组组长:汪光焘
课题组成员:陈淮 秦虹

# 关于建立健全城镇廉租住房制度的研究报告

廉租住房制度是解决城镇低收入家庭住房困难的主渠道。目前，还存在覆盖面低、低价位租赁房源不足等问题，与城镇低收入家庭的住房需求尚有较大差距。本研究认为应进一步明确保障标准，扩大覆盖范围，增加廉租住房建设和供应，加大各级财政支持力度，加强法规建设，真正发挥其对解决低收入家庭住房困难的作用。

## 一、城镇廉租住房制度的发展过程

党中央、国务院对廉租住房制度建设高度重视。1998年，《国务院关于进一步深化城镇住房制度改革加快住房建设的通知》（国发〔1998〕23号），提出建立面向"最低收入家庭"的廉租住房供应体系，廉租住房由政府或单位出资兴建。2003年，《国务院关于促进房地产市场持续健康发展的通知》（国发〔2003〕18号），根据各地实践经验，把最低收入家庭住房保障由原来的政府建房进行实物配租，调整为以发放租赁住房补贴为主、实物配租和租金核减为辅。要求以财政预算资金为主、多渠道筹措资金，形成稳定规范的住房保障资金来源。2005年，《国务院办公厅转发建设部等部门关于做好稳定住房价格工作意见的通知》（国办发〔2005〕26号)提出，着力扩大廉租住房制度覆盖面，要求把城镇廉租住房制度建设情况纳入省级人民政府对市（区）、县人民政府工作的目标责任制管理。2006年，国办发〔2006〕37号文件根据住房保障制度建设的实际情况，将廉租住房制度保障范围调整为"低收入家庭"，并提出将土地出让净收益的一定比例用于廉租住房建设，进一步增加了廉租住房的资金来源渠道。根据上述文件精神，建设部会同有关部门以部门规章和规范性文件，对健全申请审批制度、落实资金来源、推进规范化管理等做出了规定。2005年建设部、民政部联合开展了低保家庭住房状况调查，建立了低保家庭住房档案。

## 二、合理确定廉租住房保障标准

各国对住房保障都有明确的标准。如欧洲地区家庭人口在3~6人之间，保障住房平均使用面积在46~72平方米。目前，我国各地按人均住房面积确定保障标准。这种方法没有充分考虑家庭代际结构等因素，不能准确反映实际的居住需要。同时部分地区保障标准较高，不适应我国当前保障能力的实际情况。建议充分考虑我国当前发展阶段保障需求大、保障能力弱的实际，坚持低水平、广覆盖的原则，合理确定保障水平，处理好公平和效率的关系，保障最基本的居住需求。基本住房保障标准应当以家庭为单位确定。根据《住宅设计标准》规定，考虑家庭代际、性别和人口等因素，建议低收入家庭住房保障标准为建筑面积30~50平方米。其中，1~2人家庭户建筑面积30平方米；3~4人家庭户建筑面积40平方米；4~5人家庭户建筑面积50平方米。

## 三、逐步扩大廉租住房制度覆盖范围

据人口普查资料测算，全国城镇人均住房建筑面积低于13.3平方米（按照基本住房保障标准加权平均）的城市低收入家庭约1026万户，占城镇家庭户数的6.5%。其中，低保家庭343万户，低保以上、最低收入线以下家庭288万户，其他低收入家庭395万户。目前，各地廉租住房制度保障对象仍然局限在低保家庭。相当多的城镇家庭无力购买经济适用住房，也不符合廉租住房制度保障的条件，成为所谓的"夹心层"。其中，低收入家庭中除低保家庭外，还有680多万户住房困难的低收入家庭没有保障措施。建议认真落实国办发[2006]37号文件规定，逐步把全部低收入家庭纳入城镇廉租住房制度的保障范围。为合理配置保障资源，建议相应改革租赁住房补贴计发方式：根据低收入家庭住房支付能力，确定家庭应当承担的租金支出，政府对差额部分进行补贴。其中，对低保家庭全额租金补贴；最低收入线以下家庭按收入的15%交纳租金，其他低收入家庭按收入的20%交纳租金，政府给予部分租金补贴。

## 四、增加廉租住房建设和供应

目前我国确立了以发放租赁住房补贴为主，实物配租、租金核减为辅的廉租住房保障方式。但随着各地旧城改造步伐加快，多数城市的小户型、低价位租赁房源越来越少。低收入家庭领取租赁住房补贴后，难以在市场上找到适当的房源；同时"夹心层"的问题也缺乏适当的保障措施。建议借鉴国外的一般做法，多渠道增加小套型的廉租住房供应，逐步扩大廉租住房的覆盖范围。

为增加廉租住房的建设和供应，要建立财政资金和社会资金相结合的廉租住房建设资金筹措机制。为减轻财政资金一次性投入的压力，住房公积金增值收益在提取风险准备金和管理费用之后，要全额用于廉租住房建设，产权归公积金管理中心所有。同时，随着住房公积金决策监督管理机制的完善，在保证资金安全的基础上，探索实行利用住房公积金发放政府组织的廉租住房建设长期贷款。政府以廉租住房的租金收益权，保证公积金贷款的回收，贷款利率低于银行商业贷款利率、高于国债利率。

为避免原来公房建设和管理的弊端，保证廉租住房投资的良性循环，要进一步完善廉租住房的管理方式。借鉴国外公共住房改革的做法，建议成立非营利性的专业管理机构进行廉租住房的建设和管理，既区别于老体制下的公房管理，也区别于目前的物业管理公司管理。租金按照成本因素（包括贷款利率）确定。为保持较低的租金水平，廉租住房用地实行划拨方式供应，享受现行公有住房管理和经营的税收政策，管理机构按照非营利原则收取管理费用。

## 五、加大各级财政支持力度

1998年到2006年上半年，全国累计投入廉租住房制度建设资金61亿元左右，其中多数来源于住房公积金增值收益。据测算，按照发放租赁住房补贴这种政府一次性负担最小的方式，解决低保家庭的住房困难每年需要补贴资金 165 亿元；解决低保以上的最低收入家庭住房困难，每年需要差额补贴 81 亿元；解决其他低收入家庭住房困难，每年需要差额补贴 54 亿元，合计每年需要 300 亿元左右的资金。按照目前规定，土地出让净收益的 5％用于廉租住房制度建设，每年 100 亿元左右；住房公积金增值收益在扣除风险准备金和管理费用后全部用于廉租住房制度建设的补充资金，每年 10 亿元左右。从解决低收入家庭住房问题的需要看，资金缺口仍然较大，必须继续落实国办发〔2006〕37 号文件关于"加大各级财政支持力度"的规定，明确各级财政的责任。

借鉴市场经济国家一般做法和我国实际情况，建议从三个方面作出规定：一是，明确分级财政体制下中央、省和市县政府在廉租住房制度建设中的事权和责任。国外无论联邦制国家还是中央集权制国家，都是以联邦（中央）及州政府财政投入为主，城市政府在规划和土地方面给予支持。建议按照目前中央、省和市县财政收入比例，确定各级财政住房保障投入比例。二是，建立国家和省级住房保障基金，通过专项转移支付的方式，加大对西部等困难地区的财政支持力度。目前西部地区符合廉租住房条件的低保家庭是东部地区的 1.97 倍。但西部地区住房公积金增值收益只有东部的 5.7％，土地出让净收益只有东部的 27.1％。而目前实行的一般转移支付安排，不能保证用于廉租住房制度建设。三是，城市政府要落实土地出让净收益 5％用于廉租住房制度建设，并根据廉租住房保障范围的扩大，适当提高这一比例。

## 六、加强法制建设，健全住房保障管理机构

住房保障是政府公共服务的重要内容，国外都是由专门法律、专门机构、专项资金来保证这项制度的实施。我国现有廉租住房政策文件法律效力低，也没有统一明确的廉租住房管理机构，不能保证此项制度的有效实施。借鉴发达市场经济国家的经验，建议：一是，整合现有住房保障政策规定，对《城镇个人建造住宅管理办法》、《城市私

有房屋管理条例》进行修订完善，出台《住房保障条例》。对各级政府的职责，住房保障的对象、保障标准和资金来源等做出法律规定。二是，健全住房保障管理机构，配备专职工作人员，严格准入和退出管理，使政府资源落实到真正需要保障的家庭。

课题组组长：汪光焘
课题组成员：侯淅珉　靳军安　刘霞　赵路兴　张锋　何晓玲

# 关于解决城镇低收入家庭住房困难资金来源渠道的建议

党中央、国务院高度重视住房建设，把解决居民住房问题纳入构建社会主义和谐社会、维护群众利益的重要工作。国民经济和社会发展"十一五"规划提出，"城乡居民生活质量普遍提高，居住、交通、教育、文化、卫生和环境等方面的条件有较大改善。"《中共中央关于构建社会主义和谐社会若干重大问题的决定》指出，"拓宽资金筹集渠道，加快廉租住房建设，规范和加强经济适用住房建设，逐步解决城镇低收入家庭的住房困难。"国务院廉政工作会议要求"各地方、各城市都要建立健全廉租住房制度，努力解决低收入家庭住房问题。"十届全国人大五次会议《政府工作报告》要求"政府要特别关心和帮助解决低收入家庭住房问题。加大财税等政策支持，建立健全廉租住房制度"。

按照上述要求，根据2005年建设部同民政部城镇最低收入家庭住房状况调查数据、国家统计局《2006年中国统计年鉴》、《2000年全国人口普查》等资料，对全国资金需求进行了测算。2007年3月，又会同中西部各省(区、市)建设主管部门有关人员，对中西部各个地级以上城市(含地、州、盟)资金需求情况和筹措能力进行了逐一测算。据以上测算，提出以下建议。

## 一、关于解决城镇低收入家庭住房困难的工作目标

2005年，我国城镇人均住房建筑面积达到26.1平方米，居住环境质量有较大改善，城镇住宅成套率达到80%，住房资产占城镇居民家庭资产的比重超过50%。但居民住房状况差距较大。一部分低收入家庭，住房面积狭小，环境卫生较差，房屋年久失修，配套设施不全。这些房屋集中在城市内的老旧住宅区、城乡结合部和资源型城市的棚

户区，居民改善住房条件的愿望十分强烈。为此，一方面要健全解决城镇低收入家庭住房困难的相关制度，重点是完善廉租住房制度；另一方面要通过推进旧住宅区整治和棚户区改造，集中解决困难群体的居住困难和居住安全。

"十一五"期间的主要目标是：

### （一）基本建立覆盖城镇低收入家庭的廉租住房制度

建立健全申请、审批和退出机制，建立稳定规范的资金来源渠道，完善租赁补贴制度，加快廉租住房建设，建立廉租住房投资、建设和管理新机制。逐步扩大廉租住房制度覆盖范围，2007年，基本实现对低保家庭中的住房困难户应保尽保；2010年之前，扩大到全部城镇低收入家庭中的住房困难户。

### （二）基本完成1990年以前旧住宅区的环境整治

老旧住宅区存在基础配套设施不全，环境恶化，房屋陈旧等问题。居住人口中老年人口多、下岗职工多、特困家庭多，不能通过自身力量改善居住条件。这些住房多为向职工出售的公房，房屋维修欠账较多，维修资金严重不足。推进旧住宅区环境整治，是防止大拆大建、集中改善弱势群体居住环境质量的重要举措。根据各地实践中对旧住宅区的界定，"十一五"期间，应当基本完成1990年以前建成的旧住宅区整治。要制订年度整治计划，明确整治标准，加大政府投入，实现旧住宅区的有机更新和功能提升。

### （三）基本完成1万平方米以上集中连片棚户区改造

棚户区是我国资源型城市特定历史阶段的产物，主要分布在辽宁、吉林、黑龙江和山西省，其他省区的部分城市也有一定的棚户区分布。要加快建立中央、省和市县政府以及职工个人共同负担的资金筹措机制，加快推进棚户区改造。"十一五"期间，要基本完成1万平方米以上集中连片棚户区的改造，集中解决棚户区居民的居住安全和居住困难。

## 二、关于资金需求情况

### （一）建立健全廉租住房制度资金需求

经测算，全国城镇低收入家庭中，人均住房建筑面积10平方米以下的家庭987.8万户，占城镇家庭总户数的5.5%。其中，低保家庭400.2万户，其他最低收入家庭138.6万户，低收入家庭449万户。

**1. 新建廉租住房资金需求情况**

根据部分城市公布的廉租住房建设计划推算，"十一五"期间全国新建（或收购）廉租住房144.7万套，7907万平方米，资金需求总量约1423.26亿元。平均每年建设廉租住房28.9万套，1581万平方米，需要资金284.65亿元。按照该建房计划，实行实物配租的家庭占廉租住房保障对象的14.6%。

**2. 发放租赁住房补贴资金需求情况**

每个家庭的补贴额，按照其保障面积（13平方米）扣除该家庭原有面积后，再扣除家庭应承担的租金支出部分。经测算，全部低收入以下家庭的补贴金额每年212.2亿元，其中用于低保家庭80.9亿元，其他最低收入家庭36.8亿元，低收入家庭94.5亿元。

按照2007年基本解决低保家庭中人均10平方米以下住房困难户测算，需要租赁住房补贴80.9亿元；2008年扩大至城镇最低收入住房困难家庭，需要租赁住房补贴117.7亿元；2010年前扩大至城镇低收入住房困难家庭，2009年需要租赁住房补贴212.2亿元。每年廉租住房建设资金投入需要284.65亿元。发放租赁住房补贴和廉租住房建设资金两项合计，则2007年、2008年、2009年每年需要财政投入资金分别为366亿元、402亿元、497亿元。

**（二）旧住宅区整治改造资金需求**

目前，1990年之前建成的待整治旧小区总建筑面积约13.97亿平方米。根据部分城市旧小区整治的内容、成本和面积加权平均测算，旧小区公共部分整治改造成本分摊到房屋建筑面积约每平方米76元。由此推算，全国老旧小区整治改造所需资金总额1062亿元。平均每年需要投入212亿元，这部分投入主要由财政及财政性资金承担。

**（三）棚户区改造资金需求**

全国包括棚户区在内的危房总量约1.5亿平方米。根据辽宁每平方米棚户区改造资金1750元匡算，全国棚户区改造资金总计约2625亿元，平均每年525亿元。按照各级财政每平方米补贴500元测算，共需财政补贴资金750亿元，每年需要财政投入资金150亿元。

上述三项资金总计，2007 年需要财政和财政性资金投入 728 亿元左右；与 2007 年我国财政支出计划总额相比，约占 1.57%。

## 三、关于资金筹措渠道

解决低收入家庭住房困难是促进社会公平、推动和谐发展的重要内容，具有收入再分配性质，是各级政府的基本职能。联合国、经济合作与发展组织（OECD）、国际货币基金组织（IMF）关于政府职能分类中，有专门的"住房和社会福利设施"，在"社会保护"中也包括"住房"项目。借鉴国外一般做法，建议把解决低收入家庭住房困难列入各级政府的公共服务职责，并抓紧研究提出各级政府在住房保障中的事权关系和资金保证措施。当前起步阶段，建议先明确由市、县政府负责；中央和省级政府从公共服务均等化要求出发，给予专项补助。

（1）提高市县土地出让净收益用于廉租住房制度建设的比例，由目前的 5% 扩大到不低于 10%。按照 2005 年土地出让净收益 2184 亿元匡算，每年可筹集资金 218 亿元。

（2）落实财政预算拨付资金。根据改革后的财政收支分类，借鉴国外公共住房政策资金来源情况，建议在"城乡社区事务"类增设"住房保障支出"科目，落实财政预算对廉租住房制度建设的投入。

（3）住房公积金增值收益提取风险准备金和管理费用外，全部用于廉租住房建设。2006 年全国约为 26 亿元。

（4）建立中央和省级财政专项补助资金，保证市县政府建立廉租住房制度的必要财力。中央财政主要对中西部地区建立廉租住房制度给予补助，各省级财政对辖区内困难市、县给予补助。

（5）引导社会资金投入廉租住房建设。政府投入部分建房资金、保证廉租住房租金收益（投资回报）。允许住房公积金发放长期贷款，支持廉租住房建设；支持国家开发银行以优惠利率发放廉租住房建设长期贷款；鼓励房地产开发企业等社会团体捐赠，结合金融创新，建立非营利的廉租住房建设基金。

对于集中成片棚户区改造补贴资金，建议从财政基本建设拨款中支付。

## 四、关于建立困难地区住房专项补助资金问题

从世界各国的一般做法看，解决居民住房困难属于社会稳定和收入再分配范畴，是中央和地方共同负责的事权，要发挥中央（联邦）、省（州）和市县政府多个积极性。中央政府颁布统一的保障标准，承担更多的财政支出责任，地方政府负责具体实施或由中央政府直接组织实施。中央政府、省级政府和市县政府分担保障资金的方式，可归纳为三种类型：一是中央政府负责资金投入，地方在规划、土地等方面提供非现金投入，如英国、美国；二是在中央政府提供资金的同时，地方政府必须按一定比例提供配套资金，如日本、法国、德国；三是中央政府根据各地区财力不同，给予不同比例的拨款，如巴西联邦政府对各州、市解决居民住房问题的拨款比例，最低30％、最高87％。从联邦或中央财政预算支出看，住房保障性质的支出一般占预算总支出的4％～9％，包括公共住宅建设投资、个人自建或租赁住宅补贴、旧住宅区维修改善投资、发放住房贷款或者给予贷款贴息等。

鉴于目前我国住房保障建设还处于起步阶段，建议在明确市县政府责任的同时，中央和省级政府按照公共服务均等化原则，建立中央和省级财政专项补助资金（目前实行的一般转移支付，难以保证用于廉租住房建设），按国家统一规定标准对困难地区给予补助。根据对中西部各市、县廉租住房制度建设资金筹集能力（包括财政预算拨款、土地出让金净收益和公积金增值收益中用于廉租住房的部分），以及资金需求情况的调查测算，如果土地出让净收益的5％用于廉租住房制度建设，解决人均10平方米以下低保家庭中住房困难户的住房问题，需要中央和省级财政补助70.5亿元，其中中部各市县需要补助18.2亿元，西部各市县需要补助52.3亿元。如果土地出让净收益用于廉租住房制度建设的比例提高到不低于10％，需要中央和省级财政补助53.4亿元，其中中部各市县需要补助11.8亿元，西部各市县需要补助41.6亿元。

上述资金缺口，建议在一般财政预算中安排。鉴于中西部地区省级政府财力状况，西部的资金缺口主要由中央财政负担；中部地区资

金缺口由中央和省级财政按一定比例分担。

此外,参照辽宁的做法,建议中央财政对中央下放矿区棚户区改造基础设施投资、配套公建投资等给予每平方米100元的补助,每年需要中央财政补助资金30亿元。

基本解决低收入家庭住房困难年度资金需求情况(亿元) 附表

| | 2007年 | 2008年 | 2009年 | 2010年 |
|---|---|---|---|---|
| 廉租住房制度 | 366 | 402 | 497 | 497 |
| 棚户区改造 | 150 | 150 | 150 | 150 |
| 旧住宅区整治 | 212 | 212 | 212 | 212 |
| 合　　计 | 728 | 764 | 859 | 859 |

课题组组长:汪光焘

课题组成员:侯淅珉　刘霞　唐涛　魏星

# 关于改进规范经济适用住房制度的研究报告

经济适用住房制度是我国住房保障体系的重要组成部分。十多年来，经济适用住房制度发挥了历史性作用，有力地促进了住房制度改革、拉动了住房消费，对改善供应结构、平抑住房价格、解决中低收入家庭住房困难发挥了积极作用。据不完全统计，截至2006年底，我国经济适用住房（含单位集资合作建房）累计竣工面积超过13亿平方米，解决了约1650万户中低收入家庭的住房问题。

## 一、经济适用住房制度的演变过程

随着城镇住房制度改革的深化，经济适用住房制度大体经历了三个发展阶段，起到了不同的历史作用。

（一）第一阶段（1994～1998年）

为贯彻落实党的十四届三中全会精神，1994年，《国务院关于深化城镇住房制度改革的决定》（国发［1994］43号）提出，要建立以中低收入家庭为对象、具有社会保障性质的经济适用住房供应体系和以高收入家庭为对象的商品房供应体系。这一阶段，职工住房仍以单位实物分配为主，单位购、建住房和单位集资建房是职工住房供应的主渠道。1995年，实施国家安居工程，经济适用住房的有关政策得到初步体现。

（二）第二阶段（1998～2003年）

1998年，面对亚洲金融风暴的严峻考验，中央作出了扩大内需的战略部署。在此背景下，《国务院关于进一步深化城镇住房制度改革加快住房建设的通知》（国发［1998］23号）提出，要建立和完善以经济适用住房为主的多层次城镇住房供应体系。对不同收入家庭实行不同的住房供应政策。最低收入家庭租赁由政府或单位提供的廉租住房；中低收入家庭购买经济适用住房；其他收入高的家庭购买、租赁市场价商品住房。已购公有住房和经济适用住房上市实行准入制度。据此，1999年，财政部、国土资源部、建设部发布《已购公有住房和经济适用住房上市出售土地出让金和收益分配管理的若干规定》（财综字［1999］113号），明确职工购买的经济适用住房产权归职工个人所有。上市交易时，由购房者按规定交纳土地出让金或相当于土地出让金的价款。这一阶段，经济适用住房政策设计的主要着眼点在加快住房建设和销售，扩大国内需求，拉动经济增长，促进城镇住房体制由实物分配向分配货币化平稳过渡。经济适用住房实行只售不租。从实施效果看，政策初衷基本实现。

（三）第三阶段（2003年至今）

随着住房制度改革的深化，房地产市场逐步发育、发展，已经成为多数家庭解决住房问题的主渠道。在总结发展规律的基础上，2003年，发布《国务院关于促进房地产市场持续健康发展的通知》（国发［2003］18号），要求各地根据城镇住房制度改革进程、居民住房状况和收入水平的变化，完善住房供应政策，调整住房供应结构，逐步实现多数家庭购买或承租普通商品住房；同时，明确经济适用住房是具有保障性质的政策性商品住房，并对建设标准、供应对象等方面提出了要求。2004年，在细化了相关规定的基础上，经国务院同意，建设部等四部门印发《经济适用住房管理办法》（建住房［2004］77号），进一步明确了已购经济适用住房上市交易收益分配办法。经济适用住房在取得房屋所有权证和土地使用权证一定年限后，方可按市场价上市出售；出售时，应当按照届时同地段普通商品住房与经济适用住房住房差价的一定比例向政府交纳收益。2006年，《国务院办公厅转发建设部等部门关于调整住房供应结构稳定住房价格意见的通知》（国办发［2006］37号）明确提出，要进一步完善经济适用住房制度，解决建设和销售中存在的问题，真正解决低收入家庭的住房需要。这一阶段，经济适用住房的保障属性得到了强化，对改善低收入家庭住房条件发挥了积极作用。

经济适用住房制度在不同的发展阶段发挥了不同的作用，不同阶段定位的变化是住房制度深化和房地产市场发育过程的结果，也是适应经济和社会发展的客观要求。总体看，保障属性、产权关系、土地供应方式、规费优惠政策等保持了连续性，供应对象由中低收入家庭有步骤地调整为中等偏下收入和有购买能力的低收入家庭，建设标准、销售价格、上市交易等管理逐步规范。特别是，进一步落实产权关系和收益分配是改进和规范经济适用住房的关键环节。

## 二、当前经济适用住房制度实施中存在的主要问题

按照"尊重历史，不同阶段的问题具体看待"原则，当前经济适用住房制度实施中主要存在以下问题。

### （一）现有政策调整和执行不力

从调查和地方反映的有关情况看，部分地方对国家现行有关规定落实不到位，少数地方至今没有出台具体实施措施。一是对有关政策没有及时进行调整。部分地方没有按要求及时将供应对象调整为中等偏下收入和有购买能力的低收入家庭。一些地方还存在党政机关借集资、合作建房名义，变相搞实物分配的现象。二是对建设标准控制不严。据对27个省会以上城市的统计，2004~2006年，开工建设的经济适用住房套均建筑面积超过80平方米的有13个，其中超过90平方米的有5个。三是销售监管不严。部分城市供应对象界定模糊、审查把关不严，优惠政策未能真正落实到保障对象。个别地方销售过程不够透明公开，少数地方甚至引发了炒房号现象。

### （二）供应规模不足

部分地方政府过分强调房地产对当地GDP增长的带动作用，过分依赖房地产税收和土地收入增加财政收入，有的地方削减了经济适用住房建设用地供应，忽视解决困难群众住房等问题，建设规模和供应总量明显不足。一些地方虽有经济适用住房建设计划，但已连续几年没有项目开工建设，有的甚至明确停止经济适用住房建设。2003年以来，全国经济适用住房投资占房地产开发投资比重持续下降，由2003年的6.1%下降到2004年、2005年的4.6%和3.3%，2006年的投资占比（3.6%）虽有一定幅度的上升，但供应规模仍然偏小。

### （三）售后交易缺乏严格规定

部分城市对经济适用住房上市交易年限的限制比较宽松；较低的

补交政府收益额度与较大的获利空间之间存在着较大差距,容易滋生投资、投机行为。对未向政府补交收益前擅自对外出租的行为,缺乏有效监管。

**(四)缺乏有效的退出机制**

部分城市对经济适用住房上市交易的收益分配没有明确规定,或虽有原则性规定但未得到落实,造成保障资源配置效率低下。

此外,各地普遍反映,经济适用住房制度在实施中也存在着一些难点。如目前我国个人收入申报制度尚不健全,诚信体系建设滞后,职工所在单位把关不严,购买对象的审查和清出有较大难度。一些地方为降低成本、减少政府负担,将经济适用住房项目安排在基础设施不配套、交通不便利的城郊结合部,给住户带来了就业、医疗、子女入学等方面新的矛盾和问题。

上述矛盾和问题,是改革和发展过程中的问题,必须通过改革和发展的办法,通过改进和规范经济适用住房制度,切实加以解决。

## 三、改进和规范经济适用住房制度的意见

目前社会各方对经济适用住房制度议论颇多。我们认为,应当继续保持政策的连续性、稳定性,着眼于住房保障制度建设的长远目标,进一步完善制度,规范供应对象、规范建设标准、改进管理方式,特别是要明晰产权关系和收益分配比例,完善退出机制,提高保障资源的配置效率。

**(一)进一步强化经济适用住房的保障功能**

明确经济适用住房政策定位。按照国办发〔2006〕37号文件的规定,明确经济适用住房为保障性住房,重点解决当地低收入住房困难家庭的住房问题。具体供应范围,由市、县人民政府根据当地居民收入、居住状况和房价水平等因素确定。

合理确定建设规模,严格控制建设标准。经济适用住房建设规模,由各地根据当地符合条件家庭的需求和实际供应能力,合理确定。继续执行现行土地供应及规费方面优惠政策。套型建筑面积控制在80平方米以内,更多的建设60平方米以内套型。

完善建设方式，拓宽房源渠道。经济适用住房建设，可采取政府部门（事业单位）自建、委托代建、房地产企业开发建设、政府采购等方式，多渠道组织经济适用住房房源。注意发挥国有大型建筑承包企业和房地产开发企业在经济适用住房建设中的作用。

改进管理方式，加强售后管理。建立健全购房申请、资格核查和公示制度。完善轮候制度，优先解决住房困难程度相对较高的低收入家庭。建立经济适用住房保障对象档案，实行动态管理。充分发挥街道、居委会的作用，强化社会监督。可选择一些城市作为试点，成立非营利性的专业管理机构，具体负责经济适用住房的建设、销售和清出管理。

### （二）明晰产权和收益分配关系，完善退出机制

明晰产权关系，确定收益分配比例。土地出让金、小区外基础设施建设费用和行政事业性收费等减免，是政府对经济适用住房建设的实际投入，要据此确定相应的政府收益比例。经济适用住房产权是有限产权。购房者按规定补交政府收益的，转化为普通商品住房产权。

规范上市交易，完善退出机制。购房者取得房屋所有权证和土地使用权证一定年限后，方可上市出售。上市出售时，政府收益应按照届时同地段普通商品住房与经济适用住房差价的一定比例核定。鼓励购房者在收入提高后，通过补交政府收益，将有限产权转换成普通商品住房产权；政府也可以按届时的经济适用住房价格回购，再出售给其他符合条件的家庭。

妥善处理历史问题。建住房［2004］77号文件实施前已经购买的经济适用住房，其上市交易、产权管理仍按照当时的有关规定办理。

### （三）落实政府责任

市、县人民政府要建立经济适用住房目标责任制，按照国家的统一政策，结合当地实际，制定经济适用住房制度实施细则，划定供应对象收入线水平，履行经济适用住房建设和管理责任。

## 有关经济适用住房制度政策演变情况

附表

| 年份 | 文件名 | 定位 | 交易管理及产权关系 |
|---|---|---|---|
| 1994年 | 《国务院关于深化城镇住房制度改革的决定》（国发［1994］43号） | 建立以中低收入家庭为对象、具有社会保障性质的经济适用住房供应体系和以高收入家庭为对象的商品房供应体系 | |
| 1994年 | 《建设部、国务院住房制度改革领导小组、财政部关于印发〈城镇经济适用住房建设管理办法〉的通知》（建房［1994］761号） | 以中低收入家庭住房困难户为供应对象 | 购房者购买的经济适用住房，按规定办理房屋产权登记手续 |
| 1998年 | 《国务院关于进一步深化城镇住房制度改革加快住房建设的通知》（国发［1998］23号） | 建立和完善以经济适用住房为主的多层次城镇住房供应体系。对不同收入家庭实行不同的住房供应政策。最低收入家庭租赁由政府或单位提供的廉租住房；中低收入家庭购买经济适用住房；其他收入高的家庭购买、租赁市场价商品住房 | 已购经济适用住房上市交易实行准入制度，具体办法由建设部会同有关部门制定 |
| 1999年 | 《已购公有住房和经济适用住房上市出售土地出让金和收益分配管理的若干规定》（财综字［1999］113号） | 中低收入家庭 | 职工个人购买的经济适用住房产权归职工个人所有。已购经济适用住房上市出售时，由购房者按规定缴纳土地出让金或相当于土地出让金的价款。购房者缴纳土地出让金或相当于土地出让金的价款后，按出让土地使用权的商品住宅办理产权登记 |
| 2000年 | 《关于进一步规范经济适用住房建设和销售行为的通知》（建住房［2000］196号） | 要根据当地房价、中低收入家庭的支付能力，合理确定本地区经济适用住房在整个住房建设中的比重，更好地解决中低收入家庭的住房问题 | 各地要明确中低收入家庭的收入界限、购买对象条件、购买程序、价格确定办法；制订监督查处办法及上市交易办法等，严格加强管理，规范经济适用住房的销售行为 |

续表

| 年份 | 文件名 | 定　位 | 交易管理及产权关系 |
|---|---|---|---|
| 2003年 | 《国务院关于促进房地产市场持续健康发展的通知》（国发［2003］18号） | 具有保障性质的政策性商品住房 | 经济适用住房实行申请、审批和公示制度 |
| 2004年 | 《经济适用住房管理办法》（建住房［2004］77号） | 具有保障性质的政策性商品住房 | 经济适用住房在取得房屋所有权证和土地使用证一定年限后，方可按市场价上市出售；出售时，应当按照届时同地段普通商品住房与经济适用住房差价的一定比例向政府交纳收益。个人购买的经济适用住房在未向政府补缴收益前不得用于出租经营 |
| 2006年 | 国务院办公厅转发建设部等九部门《关于调整住房供应结构稳定住房价格的意见》（国办发［2006］37号） | 真正解决低收入家庭的住房需要 | |

课题组组长：汪光焘

课题组成员：沈建忠　侯淅珉　靳军安　张小宏　李晓龙　文林峰
　　　　　　张　锋　谭华杰　施美程　董　洁　赵路兴　刘　霞
　　　　　　王　勇

# 关于厦门市落实政府责任构建住房保障体系改善低收入家庭住房条件情况的调研报告

厦门市住房保障工作起步早、推进快,基本形成了覆盖不同收入群体的住房供应政策体系,建立了较为健全的工作机制,其在解决和改善中低收入城市居民居住条件方面的有益探索,对于完善中国特色住房保障体系,促进全面建设小康社会,构建社会主义和谐社会具有实践意义。

## 一、主要成效

厦门市位于台湾海峡西岸,因地处海防前线,改革开放前,城市建设投入资金少,城市基础设施和住房建设历史欠账多,城镇居民住房短缺问题较为突出。创办经济特区以来,一方面,厦门市坚持市场化改革方向,积极推进城镇住房制度和土地使用制度改革,增加住房建设和市场供应量;另一方面,坚持不懈地抓住房保障体系建设,探索建立解决中低收入家庭住房困难的长效机制,在总结经验、深入调研的基础上,不断完善住房保障体系,形成了向中低收入群体提供社会保障性住房,实行区别的住房保障政策的工作思路和作法。

(一)有步骤地推进廉租住房制度建设,使城镇最低收入家庭住房困难得以缓解

2000年,厦门市出台了《厦门市城镇廉租住房管理规定》,规定家庭收入低于公布当年最低生活保障线、人均居住面积在6平方米以下的"双困户"可承租政府提供的低租金住房,后又将家庭住房困难标准从人均6平方米提高到8平方米。2003年,又出台了《厦门市城镇廉租住房租金补助安置暂行办法》,初步形成了"以租金补贴为主,实物安置、租金核减为辅"的多种廉租住房保障方式。为保证廉租住房

房源，厦门市将廉租住房制度建设列入"为民办实事"项目，充分保障廉租住房制度建设所需资金。在厦门市，凡符合廉租住房申请条件的申请人，均能当年申请、当年享受保障，并将享受廉租住房的家庭在相关媒体、网站、公告栏公示，接受社会监督。2001 以来，厦门市共解决廉租住房对象 3170 多户，其中，实物安置 666 户，租金核减 2100 多户，租金补贴 407 户。

**（二）保持适度的经济适用住房建设力度，使城镇中低收入家庭居住条件和人居环境得以改善**

厦门市从 1991 年开始实施经济适用房制度。至 2006 年 5 月，累计建成解困统建房和经济适用住房小区 18 个，建筑面积 330 多万平方米、3.3 万套，解决了大量人均居住面积 8 平方米以下的家庭的住房困难。据统计，2000 年市区居民每 5 户中就有 1 户居住的是政府提供的经济适用房。厦门市注重经济适用住房小区公共服务和市政基础设施配套建设，提高住房建设科技含量，不断改善小区人居环境。先后有 3 个经济适用住房小区被评为建设部优秀住宅小区，2 个小区获建筑工程鲁班奖，1 个小区获得建设部试点小区综合金牌奖及 4 个单项一等奖，赢得了社会各界的好评，取得良好的社会、环境和经济效益。

**（三）稳步推进住房制度改革，推进了住房的商品化和市场化**

住房制度改革十几年来，厦门市经历了公有住房从不能出售到可以出售，从部分产权出售到全部产权出售的发展历程。通过向中低收入家庭出售公有住房，推进了住房的商品化、市场化。截至 2006 年 6 月 30 日，全市累计出售公有住房 8.3 万套、约 625 万平方米，占成套公有住房的 90% 以上，收回售房资金 49.74 亿元，为经济适用住房融资 22.65 亿元。原有公房租金低，无法实现房屋日常的维修养护，厦门市适当提高公有住房租金，逐步与市场租金并轨，改变了过去买公房不如租公房的不合理现象，形成了以租养房的良性循环，激发了城镇居民主要通过市场解决住房问题的积极性，改变了居民在住房分配上"等、靠、要"的思想，打破了旧的住房福利分配体制。

**（四）落实住房公积金和住房分配货币化制度，增强了职工住房消费能力**

1992 年，厦门市开始实施住房公积金制度。目前，全市共有 5912

个单位、25.49万人参加住房公积金缴交,每5个人中就有1个借助住房公积金贷款解决住房问题,贷款总额超过54亿元。1999年7月1日,厦门市停止福利分房,推行住房分配货币化。截至2006年6月30日,全市已有876个单位实施了住房货币化分配政策。通过住房公积金贷款发放和落实住房补贴,扩大了住房资金来源,促进了住房金融市场发育,增强了城镇居民购房能力,促进了住房市场的繁荣。

## 二、主要做法

自20世纪90年代初,厦门市在运用税收、信贷、土地政策引导和调节房地产市场的同时,不断强化政府的住房保障职能,扩大住房保障覆盖面,对符合条件的保障对象实行"应保尽保"。其住房保障体系建设大致经历了三个阶段:1991~1998年,取消单位自建房,政府统建解困房;1998~2005年,以建设经济适用住房为主的住房保障;2005年10月以来,建立健全多层次的住房保障供应体系、对不同收入家庭实行区别的住房保障政策。现阶段,厦门市社会保障体系的基本构成是:

——向有支付能力的、有购买意愿的中低收入家庭以及特定对象中的住房困难户提供社会保障性商品房(类似经济适用房),售价一般是市场价的50%;

——向既不符合廉租住房保障条件,又无力购买保障性商品住房的低收入家庭提供社会保障性租赁房,政府按反向递减原则实行租金补贴;

——向最低生活保障线以下的住房困难家庭提供廉租住房;

——结合旧城(村)改造,通过提供拆迁安置房,改善当地中低收入家庭的居住条件;

——为到厦门就业的大学毕业生、中级人才提供过渡性住房(公寓)。

厦门市住房保障体系建设的几个特点:

### 1. 市委、市政府重视,建立了政府主导的推进机制

厦门市把社会保障性住房建设作为贯彻落实国务院调整住房供

应结构、稳定住房价格的重要措施，摆上市委市政府工作的重要议程，并向社会公布了未来3~5年社会保障性住房建设计划约2万套、160万平方米。健全管理机构，明确职责分工，成立了社会保障性住房管理委员会，作为决策和监督执行机构。加强社会保障性住房规划管理，空间安排上考虑与公交场站邻近，方便居民出行，降低生活成本。积极筹措资金，保证财政投入。社会保障性租赁房的建设和补贴资金主要由财政拨款，或从公有住房出租、出售收益中拨付。正在制定《社会保障性住房建设与管理暂行规定》，建立工作长效机制。

**2. 统一建设、统一分配、统一管理、统一运作**

为解决政策性住房分配渠道多元化带来的住房分配不公、多头占房等问题，厦门市规定社会保障性住房实行统一建设、统一分配、统一管理、统一运作的新机制。社会保障性住房管理委员会统一编制社会保障性住房建设发展规划和年度建设计划，制定并实施社会保障性住房建设、分配等各项管理政策。市建设与管理局、国土房产局依职能分工，负责组织全市社会保障性商品房和社会保障性租赁房的建设、管理工作。政府组建的两大国有房地产开发公司，不以营利为目的，代建社会保障性住房建设项目。

**3. 合理确定保障对象，优化配置有限的社会保障性住房资源**

厦门市规定，符合保障条件的家庭只能购买或承租一套社会保障性住房，申请时实行家庭成员全名制。前5年内有购买或出售房产行为的，不得申请社会保障性住房。其中，已按房改规定租住公有住房，购买公有住房、经济适用住房和统建解困房，落实侨房政策安置房以及集资房的，原则上不能再申请社会保障性住房；已享受上述优惠政策但仍符合保障条件的仍可申请，但原有住房须由政府收购或收回，用于解决中低收入家庭住房困难。

**4. 加强社会保障性住房的分配管理，充分发挥街道、居委会的联动作用**

在分配管理过程中，各职能管理部门与街道、居委会建立工作联动机制，充分发挥街道、居委会掌握辖区内居民的家庭经济情况和住房情况的优势，使社会保障性住房政策真正落实到中低收入家庭。

**5. 坚持满足基本居住需求的原则，严格控制社会保障性住房建设的户型和面积标准**

在满足中低收家庭基本居住需求并考虑其支付能力的基础上，坚持小户型、中低价位住房建设原则，绝大部分社会保障性住房套型建筑面积控制在 70 平方米以下，使中低收入住房困难家庭买得到、买得起，租得到、租得起，实现"人人享有适当住房"的目标。

**6. 禁止社会保障性商品房市场流转，建立社会保障性租赁房的退出机制**

厦门市规定，社会保障性商品房不得上市交易，只能由政府回购；除购房按揭外，社会保障性商品房不得进行商业性抵押。承租社会保障性租赁房的家庭，收入、住房等情况发生变化，要相应调整租金补助标准或退出承租的住房。社会保障性租赁房合同期满续租的，原审批单位应重新进行审核，对不再符合承租条件的，责令退出住房；暂时无其他居所、无法退出的，重新确定租金补助标准。

**7. 严格成本控制，加强社会保障性住房价格指导与管理**

社会保障性商品房的出售价格根据控制性建安成本、基准地价综合测算确定，出售价格测算公式为：售价＝控制性建安成本＋基准地价×调节系数。社会保障性租赁房按市场租金标准计租，政府对承租对象实行分类租金补助，改"暗补"为"明补"。

厦门市结合当地实际，通过完善多层次的住房保障体系，逐步将住房保障对象由最低收入家庭扩大到低收入家庭，比较好地解决了居民的居住问题，其经验值得总结。

课题组组长：汪光焘

课题组成员：张　毅　金一平　王树平　吴建平　李晓龙　贾　抒　张春彦　倪吉信

# 开展旧住宅区综合整治　促进社会和谐

——山东省烟台等城市旧住宅区整治调查报告

为贯彻落实党的十六届六中全会精神，研究推进旧住宅区整治，改善老城区居民的生活环境，促进社会和谐，建设部调研组 2006 年 10 月 18 日至 10 月 20 日，对山东省烟台等城市旧住宅区整治情况进行了调研。从调研情况看，这些城市落实山东省委、省政府的决策部署，在发展新区的同时，把全面开展旧住宅区综合整治作为解决群众最关心、最直接、最现实问题的重大举措之一，纳入城市发展总体战略，加大政府投入，促进城市经济与社会协调发展、新区与老区统筹发展、居民家庭与社区和谐发展，使老城区的原居民家庭享受到城市发展的成果，得到了广大市民的赞誉和肯定。

## 一、主要成效

据烟台市 2002 年调查，在中心城区，居住在旧城区市民约占 70%；市民对城市环境不满意的意见中，属于旧居住区的约占 70%。旧住宅小区内道路年久失修、基础设施不配套、绿化覆盖率低、乱搭乱建、环境卫生差等问题非常突出，由此产生的邻里纠纷和民事、刑事案件屡有发生，严重影响了居民的正常生产和生活，群众要求对旧城区环境进行综合整治的呼声十分强烈。针对旧住宅区的现状，烟台市委、市政府提出以百姓满意为标准，整体推进旧小区综合整治，使旧城面貌和居住环境明显改善，让市民在城市经济社会建设发展的成果中得到了看得见、摸得着的实惠，密切了党群关系，促进了社区和谐。三年来，共整治了 54 个小区，受益居民 16 万户、47 万人，占市区人口的近 40%。

（一）旧小区整体环境明显改善

烟台市旧住宅区整治改造后，供水、排水、供电、供暖等八条管线直接到户，路平灯亮，防火盲区全部消除，完善了基础设施和市政公用设施，同时为居民提供了更多的休闲娱乐、户外活动场所。对建成年代较早的房屋实施加固工程，恢复使用功能，保证使用安全，原居民的住房条件和环境有了较大提高，提升了旧住房的价值和小区的环境质量。四年里共铺设、改造供水、供热等管线33.3万米，拆除违章建筑45.5万平方米，改造新建社区绿地17.5万平方米，使群众反映最强烈、要求最迫切的环境脏乱差，以及房屋年久失修问题得到了根本解决。

（二）旧小区配套服务水平得到明显提高

整治改造后，在社区统一规划建设一部分爱心便利小屋，妥善安置小区部分下岗职工、残疾人就业的同时，填补了小区家电维修、缝纫修补、送奶送水、报刊、早餐等服务内容。整治后居委会聘用治安人员进行全天候巡逻排查，基本杜绝了各类治安案件的发生。由于环境和服务设施的改善，小区居民不仅出行、生活更加便利，而且业余文化生活得到了提升，老年人能够在小区吹拉弹唱，其乐融融。一些居民写来感谢信，称市委、市政府办了一件实实在在的好事。旧小区综合整治，密切了党群关系，促进了小区和谐。

（三）经济效益社会效益明显

综合整治与拆迁改造相比，节约资源能源和财力，以较小的投入提高了城市机能，实现了城市的有机更新。据了解，对旧小区进行综合整治改造，政府平均每户投入资金在1500元到5000元之间，比过去大拆大建可节省大量资金。烟台市的厚安小区占地面积约8.8公顷，居民1万余人，由于小区年久失修，给居民生活带来极大困难。市政府投入1200万元对该小区进行了综合整治，延长了使用寿命，完善了居住功能。而如果进行大规模的拆迁改造，所需资金将超过3.5亿元。同时使原旧小区居民就业生活得到了安定，改变了大拆大建后低收入群体城市边缘化问题，生活成本大大降低。过去一些居民千方百计想搬走，现在小区反而成了香饽饽，二手房十分紧俏。

## 二、基本做法和经验

### (一) 调整规划思路，有效利用规划手段推动整治工作

一是坚持以人为本，创新规划理念。在旧住宅区整治改造中改变过去那种推倒重来、大拆大建、把低收入群众边缘化的现象，把大量的旧住宅区保留下来，通过整治达到提升城市整体功能的目标。坚持统一规划、立体整治、突出重点、稳步推进，确保群众满意。二是强化规划的质量和深度，注意挖掘历史文化内涵，实现城市的有机更新和资源的有效配置、合理利用。对于旧街巷的整治，不仅仅满足于"路平、灯亮、水通"，还从提升城市特色风貌着眼，挖掘城市特有的历史文化资源，拿历史文化内涵为城市发展所用。三是实行开放式的小区管理模式。为巩固整治成果，防止前治后乱，强化了后续管理。根据旧住宅小区开放式的特点，在整治验收合格的基础上，推行社区管理专业化，因地制宜，采用开放式服务，从城市发展的整体性、便利性出发，多数旧住宅区继续保持了开放的格局，有助于便利城市交通，方便群众出行，提升城市功能。

### (二) 创新旧住宅区整治的机制和方法

一是在管理体制上，建立目标责任制，市长挂帅、各部门密切配合，各司其职，共同推进。烟台市政府把旧住宅小区的环境综合整治列为大事要事项目和为民服务实事工程之首，专门成立了由分管市长任总指挥的工程指挥部，全面负责指挥协调工作。市政府确定烟台市城市管理局作为负责该项目实施的工作部门，具体负责整治工作的组织实施。市财政、规划、房管、公安等部门，市政、园林、环卫、供水、排水等单位，在项目实施中各负其责，互相配合。二是在资金筹措机制上，发挥政府、产权单位和企业的积极性。政府和相关企业主要负担市政公用管线的改造投资；80%的地下管网由各自的产权单位自行投资；对于因房地产开发遗留下来的问题，政府督办开发商自行投资，为市民配套完善相关设施。三项资金相加平均每年约2亿元。三是在运作机制上，政府组织，市场化运作。烟台市委、市政府一方面拨出财政资金，保证旧住宅区整治需要，用于重点解决群众居住生

活中的急难愁问题，体现政府为民雪中送炭办实事；另一方面积极引入市场机制，适合招投标的工程一律实行招投标，整治工程所有材料由政府采购办进行统一采购。建筑材料循环利用。对城市主干道拓宽改造更换下来的部分基础设施，经过改造后用于旧住宅区环境整治。同时坚持依靠科技进步，围绕节能、节水、节材、环保等科技成果应用，建立全过程、规范化的管理体系，形成管理合力，提高管理效率。

### (三) 充分调动基层组织积极性，动员群众广泛参与

一是注意发挥街道和居委会的作用。烟台市委、市政府在整治改造过程中把工作的立足点落实到街道和居委会。充分发挥街道、居委会贴近群众、了解群众的优势，由居委会组织发动群众，搞好宣传动员，配合有关业务部门搞好各项工作的落实，使街道和居委会在宣传、管理、协调各类矛盾中发挥积极作用。二是动员广大住户参与整治工作。整治开始前，通过现场调查与书面调查，了解群众对整治工作的期望和要求，听取群众的建议。在方案确定后，予以公示，再次征求群众意见；在施工过程中，认真听取和积极采纳群众建议，调整完善施工方案。福山路社区有一条道路，原计划只实行沥青罩面，施工时，居民提出可否一并解决坡陡弯大、行走不安全问题，城管部门采纳了建议，在道路两侧加设了台阶式通道和人行道，居住在该社区的四位老画家合作《牡丹图》一幅，赋诗一首，赠送城管部门深表谢意。

### (四) 重视旧住宅小区整治后的日常服务和使用管理

为了使整治后的小区形成良性循环，长期保持好的状态，也探索更加有效的管理和服务模式，根据群众的意愿和负担能力，采用两种服务管理模式。一是住户承担费用，聘请专业化的物业管理公司或机构实施日常管理和服务模式。对于居民相对集中且收入水平相对较高的小区，在改造后实行物业管理，由政府确定合理的收费标准。金沟寨小区整治改造后，聘请专业物业公司进行管理，物业管理费为0.26元/平方米。小区一户三口之家，房屋建筑面积65平方米，每季度物业管理费50.7元，与其家庭的支付能力基本吻合。对于小区低保户，物业管理费只按半价收取。通过引入市场化的物业管理，提高了住户的参与意识，推动了小区管理水平的提高。二是政府负担公共服务费用，居委会组织、群众自我管理和服务模式。对于居民相对零散且收

入水平相对较低的小区,改造后其公共服务部分费用由政府拨款解决,办事处和居委会组织居民实行自我管理。塔山小区有住户3600户,没有聘请专业物业公司管理,由居委会进行管理。小区的卫生、绿化、夜间巡逻等服务所需费用每月约1万元,市财政负担60%,区财政负担40%,聘用外来务工人员承担具体服务工作。在加强和改善旧小区服务管理的同时,结合整治改造工作推动供暖体制改革,促进资源能源节约和合理使用。在整治改造成果的基础上,烟台市供暖由实物补贴改为货币补贴,规定住房70平方米以内的采暖费每平方米17元,超过70平方米的部分22元。供暖体制改革不仅促进了住宅节能和小区管理的社会化,同时鼓励了居民居住小户型的消费模式。

## 三、思考和建议

当前,我国正处在全面建设小康社会和构建社会主义和谐社会的进程中,与新阶段、新要求相对照,城市发展中还存在许多不相适应的地方。一些城市热衷于上项目、铺摊子,热衷于搞"大手笔"的"形象工程"、"政绩工程",而对改造积弊已久、群众意见大的旧住宅小区环境问题则存在畏难情绪,不愿意下大力气解决。从调研的情况看,烟台市在城市建设中,全面落实科学发展观,注重城市发展的整体协调。在旧住宅小区整治改造中立足于从老百姓的实际需要出发,对环境进行综合整治,消除安全隐患,不搞大拆大建,并注意建立保持良好环境的长效机制。在烟台市的带动下,济南、潍坊、淄博等城市也正在积极开展旧住宅小区综合整治,在此基础上,山东省委、省政府在烟台市召开了会议,要求省建设厅组织全省推进。这一做法值得借鉴。

**(一)开展旧住宅区综合整治是落实科学发展观和构建社会主义和谐社会的重要途径**

随着城镇化、工业化速度的加快,住房商品化、社会化程度的提高,住宅建设高速发展,在继续提升居住环境质量,给经济发展带来巨大活力的同时,也带来了一些新的矛盾和问题。生活在旧居住区的居民家庭,多数是中低收入家庭,虽然多数通过住房制度改革有了住房，但居住环境并没有明显改善，有些甚至逐步恶化，基础设施难以满足生活需要，与一些新建的商品房小区形成了巨大的反差。在城市发展中体现社会公平公正，促进社会和谐发展，必须积极主动地解决在城市发展中贫富居民居住环境差距不断扩大的问题，下大气力对旧住宅小区进行整治改造，使广大中低收入居民享受城市发展的成果。

**（二）开展旧住宅区综合整治是转变城市发展模式，促进经济增长方式转变的有益探索**

在城市发展中，既要注重新区建设，也要注重旧区改造。通过旧住宅区改造，改变过去城市建设"摊大饼"模式，挖掘城市潜力、提高城市综合承载能力、完善城市功能。整治中，立足于就地整治环境，不搞大拆大建，通过科学规划，优化配置城市土地与各种设施资源，使城市达到社会、经济、环境协调可持续发展。同时探索"小而灵活"的旧住宅区更新方案，即资金投入较少的，由政府和居民合作的社区环境整治和改善，使建设更具针对性，且兼顾经济效益与社会效益。

**（三）加强调查研究，完善推进旧住宅区综合整治的体制机制**

旧住宅区整治是一项复杂的系统工程，首先应对需改造的住宅区进行全面、深入、细致的调研，包括收集信息、量化数据、形成方案、反馈意见等，以确保整治规划的科学性与可操作性。在整治过程中，进一步研究整治工作体制的创新，研究适应开放式小区管理的城市综合管理模式以及低收入家庭自我发展、自我完善的机制，使整治成果能得到长效、可持续的维护和发展。

课题组组长：汪光焘
课题组成员：李秉仁　沈建忠　吴建平　王瑞春　张　凌
　　　　　　张　锋　吴文君

# 辽宁省阜新市棚户区改造调研报告

为贯彻落实《中共中央国务院关于实施东北地区等老工业基地振兴战略的若干意见》，2003年以来，建设部多次召开专题会议，研究推进棚户区改造的思路和政策措施。在2004年下发的《建设部关于贯彻落实〈中共中央国务院关于实施东北地区等老工业基地振兴战略的若干意见〉的意见》中，提出要积极稳妥地推进危房和棚户区改造，做好冬季供热采暖的组织工作，加强基础设施建设和维护改造，加强规划指导和服务等工作。2005年在两次赴辽宁调研的基础上，建设部又下发了《关于推进东北地区棚户区改造工作的指导意见》。辽宁省委、省政府高度重视棚户区改造工作，2004年底，省委全委会决定自2005年起，用2~3年时间，基本完成全省5万平方米以上城市集中连片棚户区改造任务。为推动和加快煤矿棚户区改造，分别于2004年和2005年下发了《关于进一步加快城市棚户区改造有关问题的通知》和《全省城市集中连片棚户区改造实施方案》两个重要文件，对全省棚户区改造进行了统一部署。辽宁省的棚户区改造工作受到人民群众的拥护和社会方方面面的支持与好评。

## 一、棚户区改造已成为推动资源枯竭型城市转型的重要切入点

阜新市棚户区在整个辽宁省具有典型性。全市棚户区总面积为387万平方米。其中，5万平方米以上的集中连片棚户区283万平方米。阜新市列入全省棚户区改造计划的房屋建筑面积221万平方米，占全省棚户区改造计划的27%。涉及居民81820户、22.66万人。2005年初，阜新市启动了城南、高德、平西、新邱四片棚户区改造工程，截止到2006年5月底，已完成221万平方米的拆除任务，回迁楼开工面积230万平方米，占计划的82%；竣工35万平方米，安置拆迁居民8372户；

预计2006年底，约有85％的被拆迁居民可以顺利回迁。

从入户访谈和现场调研的情况看，阜新市棚户区改造在经济、政治、社会、文化等多个方面都取得了良好成效。

**（一）有效地解决低收入家庭的住房困难，体现了社会公正**

阜新市棚户区户数占市区总户数的28.68％，人口占市区总人口的28.98％。棚户区居民绝大多数都是低收入困难群体，低保户和低保边缘户占棚户区总户数的比例高达75％。改革开放以来，这一群体的生活状况并没有发生明显改善，反而因下岗失业而被日益边缘化。棚户区改造前，棚户区居民户均住房建筑面积27平方米，人均9.7平方米，其中，低保户户均住房建筑面积为22.2平方米，人均7.4平方米；改造后，户均住房建筑面积增加到50多平方米，人均达16.7平方米，已接近全市人均建筑面积17.34平方米的居住水平。在对棚户居民进行回迁住房安置时，阜新市规定原面积部分按每平方米120元结算结构差价，合理超面积部分按每平方米650元购买，超过合理面积部分按每平方米1100元购买，从而使绝大多数经济收入低、生活困难、无法依靠自身力量解决住房问题的群众，经过棚户区改造之后，不仅改善了居住环境和居住质量，而且拥有了价值数万元的房屋资产，享受到了改革开放和经济发展的成果，体现了社会的公平与公正。以在棚户区改造前住房面积为20平方米的三口之家为例，按照同地段商品房每平方米1600元的市场价格计算，这户居民只需支付2.32万元，就可以获得一套价值8.32万元、面积为52平方米的回迁安置房；按照同样的方法计算，这户居民支付3.64万元后，就可以获得一套价值10.24万元、面积为64平方米的回迁安置房。

**（二）提升和完善城市功能，改善了城市面貌**

国家支持辽宁省"中央下放地方煤矿"棚户区改造的26亿元资金中，安排给阜新市9.3亿元。根据国家有关规定，这部分资金将主要用于城市基础设施和公共服务设施的配套建设。在国家专项资金的支持下，阜新市结合棚户区改造，大力进行基础设施和服务设施配套建设，完成了煤城路的改造工程和细河的城市段治理，一大批市政道路列入改造范围，建设了日处理1500吨能力的垃圾无害化处理场和日处理10万吨能力的污水处理厂。另外，随着今年改造计划的实施，阜新市将相应地搬迁改造几所学校,并积极争取国家支持以推动将采煤沉陷区改造为地质公园的工作。棚户区改造项目的实施,加快了城市基础设施建设进程,改变了矿区城市基础设施条件,完善了城市功能,改善了城市面貌,提升了城市形象和综合竞争力。

**(三)优化配置土地资源,促进了土地合理利用**

集中连片棚户区的改造盘活了存量土地,提高了土地的使用价值,使稀缺的土地资源得以再生利用。阜新市列入省计划改造的集中连片棚户区共涉及12块,拆除房屋面积221万平方米,总占地面积15.8平方公里。改造整合后新建10片回迁楼,总建筑面积为264万平方米。腾空土地10块,总面积约5.8平方公里,这为阜新市推进产业结构调整、完善城市功能、促进经济发展提供了有利条件。

**(四)促进产业结构调整,增加了社会就业**

阜新市结合棚户区改造,以土地置换为依托,大力调整产业结构,突出发展现代农业,加快发展现代服务业,大力优化工业结构。目前,阜新市已引进对当地农业生产带动力极强的伊利、双汇等农业产业化企业,培育和发展了资讯、旅游、社区服务等现代服务业,发展和扶持了科技含量较高的电子、化工等工业企业,并因地制宜地发展了一些劳动密集型企业。从对参与阜新市棚户区改造的新澳房地产开发有限公司和鼎新房地产开发有限公司的调查情况看,两个企业职工的年收入分别由6000元和8000元增加到8000元和10000元。同时,棚户区的改造拉动了建筑业的发展,2005年建筑业产值达25亿,建筑业、建材业、物业管理等行业共吸纳约2万人就业,每月可为每名职工带来约800元的收入,促进了当地经济的增长和居民收入的提高。

**(五)密切党和政府与人民群众的感情,促进了社会和谐**

通过棚户区改造,多数普通群众告别棚户区搬迁上楼,稳定了民心,增强了党和政府与人民群众的血肉联系。在新邱西部棚户区79岁的李柏祥家和75岁的齐曰信家访问时,两位老人都向汪光焘部长表达了即将告别棚户区住进新楼时的喜悦心情。李柏祥家仅用1.5万元,购买了价值7万多元、面积64平方米的安置用房,这位参加过解放战争的老军人激动地说:"做梦都没想到会住上楼房,感谢共产党、感谢政府";在城南棚户区71岁的朱淑霞家访问时,老人向汪光焘部长说:

"原来用煤炉子取暖,家里到处是黑的,现在住上这么宽敞明亮的新房,家里装修的漂漂亮亮,一进家门就觉得舒坦"。在对棚户区老百姓的随机访谈中,大家对棚户区改造都给予了极高评价,认为棚户区改造是政府为民办实事、办好事,是老百姓欢迎的"民心工程",许多人反映现在的街道干净了,马路宽敞了,河水清洁了,人的心情也舒畅了。另外,阜新市在棚户区改造中还为每个社区无偿提供 200~300 平方米的社区管理用房,加强了社区组织建设。

总的来看,棚户区改造改善了低收入家庭的住房条件,缩小了城市不同群体之间的住房差距和生活差距,提高了城市基础设施配套水平,实现了城市土地资源的优化配置,为实现东北老工业基地的振兴创造了良好环境与支撑条件。另外,棚户区改造提高了党员、干部的执政能力,密切了干群关系,增强了社会凝聚力,促进了社会的和谐发展。可以说,阜新市对棚户区改造的实践已经为资源枯竭型城市转型探索了一条新路,成为推动资源枯竭型城市转型的重要切入点。

## 二、棚户区改造的基本经验

### (一)"政府主导,全社会参与"是推进棚户区改造的有效机制

在省委、省政府的统一领导下,为了克服时间紧、任务重、资金短缺等诸多困难,2005 年阜新市按照"政府引导,市场运作,统一政策,开发企业建设,全社会参与,属地协作"的运作机制。对具备商业开发条件或基本可以实现资金平衡的地块,选择本地具有一定实力的房地产开发企业,通过政府引导、市场化运作的方式实现对棚户区的改造:市政府统一规划、统一拆迁政策、统一建设标准;开发企业根据市政府确定的规划、政策和标准,组织拆迁、建设和回迁,接受政府有关部门的指导、检查和监督。2005 年阜新市共有三家开发企业参与四片棚户区改造,共拆迁棚户区房屋面积 121.5 万平方米,建设回迁住宅楼 80 万平方米,竣工 35 万平方米。

2006 年在总结 2005 年的棚户区改造经验的基础上,为了更好的全面完成棚户区改造任务,加大了政府推进力度,对列入全省改造计划的没有商业开发价值的八片 92.4 万平方米棚户区,按照"统一规划、

统一政策、统一标准"的总体要求，由棚户区所在的区政府及市政府有关部门直接承担棚户区改造任务，具体负责棚户区的拆迁、建设、回迁安置，从而有效地推进了棚户区改造工作的进程。政府通过招投标等方式选择设计、施工、监理单位，并对大宗建筑材料进行统一采购。阜新市充分发挥公众在棚户区改造中的作用，多渠道筹集改造资金，包括：通过危改与房改相结合，按照房屋的寿命和质量，每平方米按30～60元的房改成本价收取售房款；对安置住房按原面积部分、合理超面积部分和超过合理面积部分，分别收取不同标准的购房费用。仅这两项可收取7.4亿元改造资金，占棚户区改造总投资的20%。另外，在工程建设中，聘请32名有工程建设经验的回迁群众进行质量监督，既调动了回迁群众参与改造的积极性，又有效监督了工程质量。

（二）主要领导亲自抓，层层落实责任制

辽宁省委、省政府把棚户区改造纳入考核目标，明确各市市长作为第一责任人。阜新市委、市政府将棚户区改造作为全市的"一号工程"，市政府成立由市长任组长的棚户区改造领导小组，主要领导多次主持召开棚户区改造专题会、调度会，并经常深入棚户区拆迁现场和工地指导棚户区改造工作。各职能部门和各区、各街道明确责任，分工协作，层层抓落实。全市92个市直单位共同抽取政策水平高、业务能力强的干部承担拆迁包户工作，通过细致的政治思想工作，使群众充分了解棚户区改造政策，由抵触变为支持，8万多拆迁居民没有一户因为棚户区改造拆迁安置越级上访、也没有一户实行强拆，有效保证了棚户区改造的顺利实施。

（三）统筹规划，分步实施

在棚户区改造过程中，阜新市坚持以人为本，统筹兼顾，努力做到"四个相结合"，即使棚户区改造与推进城市发展和经济转型相结合，与促进居民就业和再就业相结合，与增强城市功能、提高城市核心竞争力相结合，与完善城市基础设施相结合。在对棚户区改造进行统筹规划的基础上，阜新市又通过深入细致的调查，摸清了棚户区的底数和居民的可承受能力，了解了棚户区居民对安置住房面积、户型结构等的具体需求，并以此为依据，组织编制了城市棚户区改造方案，拟定每天的工作量，按照工期倒排计划，逐个检查、登记各分项工程的完成情况。建筑施工单位坚持"规定动作做到位,自选动作有特色",除按照棚户区新建住房标准进行施工外,还根据居民的意见和要求,对室内户型和设施进行更改和调整。

**(四)明确政策,阳光操作**

阜新市为确保国家和棚户区居民的利益不受侵害,保证群众满意,保障建筑工程质量和工程进度,在棚户区改造过程中实施阳光操作:通过公开招投标,选聘资质高、信誉好、能力强的建设队伍;通过监督检查,解决非法转保、分包等违规行为;通过对大宗建筑材料的政府集中采购,确保工程建设的公开透明;通过建立专款专用制度,确保棚户区改造资金安全;通过制定科学的补偿安置方案,及时公布拆迁安置方案和补偿标准,实行先签协议、先缴钱的先选房,所有补偿款、选择的房源及时公示,接受社会监督,实现了拆迁补偿安置的公平、公正和透明。

**(五)政策落实到群众,使群众享有实惠**

在安置房屋设计中,根据被拆迁居民的需求和承受能力,分别建设了37平方米、45平方米、52平方米、64平方米、68平方米等五种户型的安置住房。为减轻棚户区居民负担,阜新市制定了一系列让利于民的优惠政策:一是新旧房屋差价每平方米减收30元;二是所有回迁居民共用部位公用设施维修基金按成本价每平方米800元的1‰收取;三是棚户区居民在办理产权证时免收所有税费。这三项政策使棚户区居民每户享受了近3000元的优惠。此外,对低保户和低保特困户实行了更加优惠的政策:私有产权原面积拆一还一,免收新旧房屋结构差价。除此之外,对于拥有被拆迁房屋产权的低保特困户,合理扩大面积部分每平方米补助200元;如果确实无能力出资购买合理扩大面积部分,则允许欠款入住,待交够欠款后再办理房屋所有权证;如果到期后仍然无能力缴纳欠款,则按廉租住房进行管理。

## 三、关于棚户区改造的建议

**(一)加强棚户区居民安置用房的质量管理**

棚户区居民安置用房包含大量的政府优惠,建设标准以小户型为主，因此，在住房户型、环境设计中，应充分发挥各级规划、设计单位的作用，推广高水平的户型设计方案，使户型设计更加科学合理，实现在较小的面积内达到较高的舒适度，同时，要兼顾居民生活水平提高后的可改造性。另外，在开发、设计、拆迁、施工、监理等各个环节，要尽可能通过公开招标的方式选择有实力的单位参与建设，加强工程质量安全监督管理，确保回迁安置房屋的建设质量，防止因质量问题引发纠纷。

**（二）完善服务功能，进一步做好棚户区改造工作**

棚户区改造是惠及广大棚户区改造居民的"民心工程"、"德政工程"。阜新市棚户区改造的数量多、面积广，建成后的房屋管理难度大。建议对安置小区公共部位维修、小区物业管理、供暖等要早作安排，把好事办好、办实。另外，阜新市尚有 5 万平方米以上的连片棚户区 62 万平方米、5 万平方米以下的非集中连片棚户区 104 万平方米需要改造，棚户区居民改造愿望强烈，建议统筹安排、加快改造步伐，防止因互相攀比而引发不必要的上访。

阜新市"政府主导，市场运作，公众参与"的棚户区改造机制，让利于民、公开透明及落实到人的改造政策，各级政府分级负责的改造体制，为资源枯竭型城市棚户区改造提供了宝贵经验，对全国城市危房改造具有借鉴意义，我部将加强工作指导，积极稳妥地推进这项工作的展开。

课题组组长：汪光焘
课题组成员：张毅　姜万荣　王瑞春　赵路兴　南昌　成得礼